Wir leben weiter ins Ungewisse

Tagebücher und Briefe
aus dem Jahr 1945

Wir leben weiter ins Ungewisse

Tagebücher und Briefe
aus dem Jahr 1945

Herausgegeben von Monika Tibbe

© 2014 zu Klampen Verlag · Röse 21 · D-31832 Springe
www.zuklampen.de

Umschlaggestaltung: Hugo Thielen · Hannover
Satz: thielen VERLAGSBUERO · Hannover
Druck: CPI – Clausen & Bosse · Leck

ISBN 978-3-86674-229-1

Bibliografische Information der Deutschen Nationalbibliothek
Die Deutsche Nationalbibliothek verzeichnet
diese Publikation in der Deutschen Nationalbibliografie;
detaillierte bibliografische Daten sind im Internet
über ‹http://dnb.d-nb.de› abrufbar.

Inhalt

Vorwort	7
Tagebuch von Trudi Tibbe	13
Briefe von Annemarie Techand	21
Tagebuch von Elisabeth Rautenberg	27
Tagebuch über die Belagerung Kolbergs	63
Brief von Gisela Syring	78
Brief von Johannes Syring	81
Tagebuch von Dr. Rosemarie Stroh	83
Brief von Hildegard Hoevels	105
Briefe von Johann Vollmer	111
Briefe von Ruth Vollmer	123
Tagebuch von Katharina Brömse	127
Tagebuch von Elisabeth Siebert	133
Brief von Heinz Holzmann	168
Bericht von Max Birkhahn	172
Brief von Minna Lottermoser	189
Nachwort	195
Der Zweite Weltkrieg	198
Über die Herausgeberin	208

Vorwort

Wenn Sirenen aufheulen, erschrecke ich. Das Erschrecken ist unmittelbar, wie ein Reflex. Ich bin im März 1944 geboren, mein erstes Jahr ist das letzte Jahr des Zweiten Weltkriegs. Von dieser Zeit weiß ich nichts mehr, nur die Sirenentöne haben sich eingebrannt ins Hirn.

Vermutlich ist dies ein Grund, warum ich damit begann, Texte aus dem Jahr 1945 zu lesen und dann zu sammeln. Sie beschreiben eine Zeit, in der ich zwar schon lebte, aber noch nicht viel mitbekam von den Ereignissen des Krieges. Oder doch mehr, als man im Allgemeinen annimmt? Ich muss zumindest das Herzklopfen, die Angst meiner Mutter, die Unruhe in meiner Umgebung gespürt haben, wenn die Sirenen warnten, die Bomben einschlugen.

Den Impuls für dieses Buch gab ein Abschnitt aus einem Tagebuch meiner Mutter, das sie für mich geschrieben hat. Zwar kannte ich diesen Text schon, hatte ihn sogar aus der Sütterlinschrift in die lateinische Schrift übertragen, doch ging damals mein Interesse nicht über ein persönliches hinaus. Jetzt richtete sich meine Aufmerksamkeit auf das »Stück Weltgeschichte«, und auf die junge Frau, die es erlebt und beschrieben hat. Dieser Blickwechsel war sicher kein Zufall; das Thema lag in der Luft. Zwar gibt es eine unübersehbar große Zahl von Veröffentlichungen über den Zweiten Weltkrieg. Doch scheint sich das gesellschaftliche Interesse mehr und mehr auf die persönlichen Erlebnisse der Kriegsgeneration zu richten. Als »Zeitzeugen« erzählen sie ihre

Vorwort

individuelle Geschichte, eine anschauliche und notwendige Ergänzung einer auf Daten und Fakten konzentrierten Geschichtsschreibung.

Auch die Personen, die in diesem Buch zu Wort kommen, sind Zeugen ihrer Zeit. Allerdings handelt es sich nicht um Erinnerungen alter Menschen aus großem zeitlichen Abstand heraus, sondern um Tagebücher und Briefe, die 1945 entstanden sind. Die Stimmen, denen wir hier zuhören, sind viel jünger – die jüngste fünfzehn Jahre alt – und sie sind nah dran an den Ereignissen. Wir kommen in Kontakt mit Persönlichkeiten, ohne ihnen im »realen« Leben begegnet zu sein, werden hineingezogen in ein Zeitgeschehen, das wir nicht selbst erlebt haben. Das gelingt sonst nur Romanen.

Die VerfasserInnen der Briefe und Tagebücher sind fast alle nicht mehr am Leben. Und die nächste Generation hat möglicherweise erst jetzt genügend Abstand, um sich mit dieser heiklen Geschichte zu beschäftigen. In vielen Familien wurde über diese Zeit wenig oder gar nicht gesprochen, das ist bekannt. Und die '68er haben damals ihre Eltern eher zur Rede gestellt, zur Rechenschaft gezogen und deshalb nicht wirklich etwas erfahren, vielleicht auch nicht erfahren wollen. Im Unterschied dazu geht es mir darum, die Erlebnisse, Haltungen und Gefühle von Menschen aus der Kriegsgeneration erst einmal nur wahrzunehmen, ohne gleich in die Auseinandersetzung zu gehen oder sich vorschnell um Verständnis und Erklärungen zu bemühen.

Eine möglichst offene Haltung erfordert möglichst wenige Vorgaben für den Prozess des Sammelns. Ich suchte nach privaten Texten, nach Tagebüchern, Briefen, Berichten aus dem Jahr 1945, im Unterschied zu Erinnerungen *an* diese Zeit oder Interviews mit Zeitzeugen, zwei in der Herangehensweise und den Ergebnissen gänzlich andere Textsorten. Sonst machte ich keine Einschränkungen, suchte auch nicht gezielt nach bestimmten Themen. Ich nutzte mein privates und berufliches Netzwerk, erzählte von meinem Vorhaben, schickte als Beispiel den Text meiner Mutter herum und bat darum, in Kellern und Dachböden nach entsprechenden Dokumenten zu suchen und mein Anliegen auch im Bekanntenkreis zu verbreiten. Zu den Texten, die mir dann zur Verfügung gestellt wurden, hatten die BesitzerInnen allesamt eine persönliche Beziehung; meist stammten die Texte, wie meiner auch, von den Eltern. Manche hatten die gefundenen Tagebücher oder Briefe noch nie gelesen, und zwar nicht nur deshalb, weil die Schrift ihnen Schwierigkeiten machte oder weil sie bisher nicht dazu gekommen waren. Die Scheu davor, vielleicht etwas zu erfahren, das man gar nicht wissen will, spielte sicher mit. Einige der Angeschriebenen fanden wohl passende Dokumente, mochten sie aber aus unterschiedlichen Gründen nicht veröffentlicht sehen.

Zu Beginn des Sammelns hatte ich noch kaum eine konkrete Vorstellung, was da auf mich zukommen würde und ob die Texte qualitativ und quantitativ für eine Veröffentlichung geeignet wären. Als die Dokumente dann nach und nach eintrafen, überraschte und beeindruckte mich ihre Vielfalt und ihre Intensität. Ich hatte Glück, dass ich Texte von Frauen und Männern, aus verschiedenen Gebieten Deutschlands, von Personen mit unterschiedlicher Bildung und unterschiedlichen Berufen erhielt. Und

Vorwort

Glück auch insofern, als keine Texte von Prominenten oder von nationalsozialistischen Politikern dabei waren. Sie hätten der Sammlung und ihrer Rezeption falsche Akzente gegeben. Auch erhielt ich keine Dokumente von Gefangenen in Konzentrationslagern; solche Texte hätten vermutlich die gesamte Sammlung aus den Angeln gehoben. Was ich also »Glück« genannt habe, sind genau genommen Auswahlkriterien, die ich aber nicht anwenden musste.

Ansonsten orientierte ich mich in der Auswahl der Dokumente an meinem »Geschmack«. Gut lesbare, spannende, anrührende Texte sollten es sein, Texte, die eine Geschichte erzählen. Solche Qualitäten hatten überraschend viele. Einige wenige Kürzungen schienen mir sinnvoll, da die Tagebücher stellenweise viel Privates enthalten, das für Außenstehende nicht verständlich ist und zu viele Erläuterungen notwendig gemacht hätte. Rechtschreibung, Zeichensetzung und Grammatik habe ich der Lesbarkeit wegen nach den heutigen Regeln korrigiert, dabei aber hier und da sprachliche Eigenheiten belassen, die zur Zeit und zur Persönlichkeit der Schreibenden gehören. Die Anordnung der Texte folgt keinem zeitlichen, regionalem oder thematischen Ordnungsprinzip; eine Dramaturgie der Abwechslung von kurzen und langen, leichtgewichtigen und schweren Texten erschien mir lesefreundlicher und reizvoller.

Für das Verständnis der Texte ist eine gewisse Kenntnis der Zeitgeschichte um das Jahr 1945 notwendig. Da ich selbst keine Historikerin bin, war mir klar, dass ich mich hier auf ein für mich unsicheres Terrain begeben würde.

Vorwort

Aber selbst Fachleute hätten wohl Schwierigkeiten, das richtige Maß an notwendigen Informationen für diese Sammlung zu liefern. Die Texte sollten ja nicht von Informationen überwuchert werden, sie sollten das bleiben, was sie sind, und nicht relativiert werden durch »objektiv richtiges« Wissen über diese Zeit. Es galt also, Informationen zu finden, die so etwas wie ein Allgemeinwissen repräsentieren, ein Allgemeinwissen, das gleichzeitig auf dem heutigen wissenschaftlichen Stand ist.

Diese Anforderung schien mir am besten eine Veröffentlichung des *Deutschen Historischen Museums* in Berlin zu erfüllen. Ein relativ kurzer Text, online zugänglich und mit vielen Links versehen, beschreibt den Verlauf des Zweiten Weltkriegs. Als Hintergrundfolie für die Dokumente ist er hier vollständig wiedergegeben.

Darüber hinaus habe ich in kurzen biografischen Skizzen sowie in Anmerkungen versucht, notwendige Verständnishilfen zu geben. Dabei konnten die heutigen BesitzerInnen der Dokumente mir häufig Fragen beantworten; ein großer Vorzug meiner Methode des Sammelns, die den Kontakt zu den Kindern oder Enkeln der Schreibenden beinhaltet. So geht mein Dank an Martina Bress-Thiem und Herbert Gleich, Michael Brömse, Bruno und Kadja Grönke, Hildegard Harms, Ruth Kilp, Erardo C. und Erika Rautenberg, Georg und Peter Schleuning, Hanna Schütt-Dunker, Wolfgang Stroh, Ursula Syring-Dargies für die Überlassung der Briefe und Tagebücher und die Beantwortung von Fragen. Bei Hildegard Harms bedanke ich mich für das Entziffern von Handschriften und bei Almuth Tibbe für die Mitarbeit an der Konzeption des Buches.

Auszug aus dem Tagebuch von Trudi Tibbe (1917–1971) für ihre Tochter Monika, im Mai 1945 etwas über ein Jahr alt. Trudi Tibbe arbeitete damals als Diakonin in Lingen, Niedersachsen; die Familie Staedtke, von der im Text die Rede ist, war die Pfarrersfamilie. Auf dem Bauernhof in Quendorf, von Lingen etwa zwanzig Kilometer entfernt, lebte die Herkunftsfamilie ihres Mannes, Johann Tibbe (1914–1976).
Trudi Tibbe ist 1945 achtundzwanzig Jahre alt.

6. Mai 1945

Nun haben wir beide ein ganzes Stück Weltgeschichte erlebt seit meinem letzten Erzählen. Die Alarme wurden im März immer häufiger, so dass Du kaum draußen sein konntest und fast dauernd im Keller sein musstest. Ich legte Dich abends auch immer gleich im Keller schlafen. Am 24. März gab der Drahtfunk durch, es bestehe Gefahr für Lingen, man solle möglichst Stadt und Bahngelände verlassen. Da packten wir Dich zum ersten Mal ins Fahrradkörbchen und verbrachten einen sonnigen Ferien-Samstag-Nachmittag auf einer Waldwiese bei Wachendorf. Du spieltest mit Blättern und Gras und warst mit solch abwechslungsreichem Alarm sehr einverstanden. Von dem Tag ab saß ich etwas unruhig hier. Aber Ostern sollte die Konfirmation sein, und vorher konnte ich Lingen nicht verlassen.

Die Tage vor Ostern waren voller Aufregungen: Einberufung und Abtransport der Vierzehn- und

Fünfzehnjährigen,[1] die aber bis auf wenige alle wieder ausrissen, so dass am Konfirmationstag nur ein Junge fehlte. Und dann kamen die Nachrichten vom schnellen Vorstoß der Engländer. Montag Morgen hieß es: »Panzerschützen vor Gildehaus.« Da wurde es allerhöchste Zeit für uns, wenn wir noch nach Quendorf wollten. Alles ging im Hui: ich packte, Frau Staedtke backte uns etwas, Du schliefst. Dann standen wir im Vorkeller startbereit, und draußen goss es in Strömen, und der Sturm fegte einem den Regen nur so ins Gesicht. Es schien Wahnsinn, jetzt loszufahren, aber wir wussten: jetzt oder gar nicht und wagten es. Eva Staedtke fuhr bis zur Haneken-Brücke mit, um Papa schreiben zu können, dass wir gut am anderen Ems-Ufer gelandet seien. Zum Glück waren die Brücken noch heil, vierzehn Stunden später wurden sie gesprengt. Das Bild der Straße werde ich nie vergessen: etwa alle zwanzig Meter ein deutscher Infanterist, müde, mit letzter Kraft sich vorwärtsschleppend, dann wieder ein Trüppchen, das sich vorwärts sang und ganz, ganz selten ein Auto, dann aber auch bis an Kühler und Trittbrett voll von solchen, die nicht mehr konnten. Wiederholt wurde ich nach dem Weg gefragt. Kaum einer wusste, wohin er sollte. Es war ein ungeordnetes, zurückflutendes, schon geschlagenes Heer. Und mitten in all dem traurigen Geschehen jauchztest und trötetest Du in Deinem Fahrradkörbchen vor Lebenslust. So machtest Du mir Mut, und hie und da freute sich auch ein müder Soldat an Deinem Anblick. Hinter Emsbüren wurdest Du knötterig. Wahrscheinlich hattest Du Durst und konntest auch nicht

---

[1] In den letzten Kriegswochen wurden noch Jungen in diesem Alter zum Volkssturm eingezogen.

6. Mai 1945

Nun haben wir beide ein ganzes Stück
Weltgeschichte erlebt seit meinem letzten
Erzählen. Die Alarme wurden im März
immer häufiger, so daß die Bauern
draußen ein Bunker und fast daraus in Keller ein Unterschluf. Ich legte
dich abends auf immer den Keller
schlafen. Am 24. März gab der Rafspeaker
durch, es bestehe Gefahr für hier, man
solle möglichst Stadt und Bahngelände
verlassen. Da packten wir dich zum
erstenmal ins Fahrradkörbchen und
verbrachten einen sonnigen Feier-
samstag-Nachmittag auf einer
Waldwiese bei Rayendorf. Du spieltest
mit blättern und Gras und warst
mit solch abwechselndem vielem Krem-
pel unzerspannten. Von dem Tag
ab saß ich aber unruhig hier. Am Ostern
sollte die Konfirmation sein, und da
habe ich hier nicht verlassen.

Aus dem Tagebuch von Trudi Tibbe

mehr sitzen. So gingen wir in ein Haus, um Dir Dein Fläschchen zu wärmen. Diese Rast habe ich noch oft bereut und verwünscht. Als wir herauskamen, war alles verändert: Die Regenwolken hatten blauem Himmel Platz gemacht, und die Sonne schien sogar warm. Aber statt Wolken waren Tiefflieger am Himmel! Die Straße war plötzlich bevölkert, dicht bevölkert: Geordnete Gruppen zogen dem Feind entgegen: zu Fuß mit Panzerfäusten, beritten, dazwischen ein Trosswagen am anderen, Sanitätswagen usw. Ich musste fast dauernd schieben, und wir beide waren die einzigen Zivilisten weit und breit. Immer wieder hieß es: »Wo wollen Sie denn noch hin? Sie fahren ja in falscher Richtung mitten in die Engländer hinein.« Oder: »Dort drüben schießen sie ja schon hinein, bleiben Sie bloß hier!« Aber alle waren freundlich zu uns, machten, wenn's ging, Platz und halfen uns vorwärts. Plötzlich war die Straße vollkommen leer: Alle Soldaten lagen an der Böschung oder im Graben, und die Flieger kamen herunter und schossen. Ich lag mit Dir neben einem Soldaten, der nachher noch Rad und Gepäck nachholte. So ging es nun an einem Stück. Mehrmals lag unser Rad und Gepäck mitten auf der Straße. Auf diese Weise opferten wir dem Krieg: meine Wollhandschuhe, eine Windel und Deine Gummi-Unterlage. Einmal ließ ich Dich im Körbchen am Boden sitzen, um das Gepäck zu holen, da hörte ich plötzlich einen Soldaten rufen: »Vorsicht, das Kind!«, und schon brülltest Du los. Du lagst im umgekippten Körbchen mit dem Gesicht im Gestrüpp. Deine Stirn war ziemlich zerschunden. Noch jetzt sieht man die Narbe. Ob sie als dauerndes Andenken bleibt? Da wagte ich die Weiterfahrt nicht mehr. Ein paar Soldaten riefen mir zu: »Bis zum Haus dort drüben schaffen Sie's vor den nächsten Fliegern.« So raste ich mit Rad, Gepäck und Monika dem Bauernhaus zu und kam dort in mancher Beziehung ziemlich erledigt an und mutlos dazu. Die Leute nahmen uns lieb auf, Du wurdest mit Plätzchen und ich mit Obstkuchen gefüttert, dann legten wir Dich in ein Bett, und Du schliefst bald und fest und lange. Die Schießerei draußen ging weiter, und drinnen im Radio wurde Mozarts Zauberflöte gespielt. Erst nach acht Uhr abends wagten wir die Weiterfahrt. Die Straßen waren viel leerer, hie und da ging's durch besetzte deutsche Artillerie-Stellungen hindurch. In Quendorf fanden wir ein voll besetztes Haus vor, die Diele voll Soldaten. Aber die beiden Flüchtlinge wurden mit offenen Armen aufgenommen. Ich schickte Sini[2] zuerst allein hinein. Ich hörte, wie sie sagte: »Noch ein Flüchtling«, und dann kam Oma schon herausgestürzt. Opa hatte Dich zuerst und gleich erkannt, obwohl er Dich ein halbes Jahr nicht gesehen hatte.

In Quendorf ließen wir – wie wir's schon lange geplant hatten – den Krieg über uns hinweggehen. 21 Personen waren wir schließlich, die Schüttorfer kamen an einem der nächsten Abende an: Nach einem Bombenabwurf auf Schüttorf waren sie aus einem brennenden Nachbarhaus aus den Kellerfenstern herausgekommen und suchten nun in Quendorf Zuflucht. Bis zuletzt arbeiteten wir an unserem Bunker, aber drin waren wir nicht. Unsere Gegend hatte auch keinen Beschuss. Aber unheimlich war, wie die Artilleriegeschosse über uns wegheulten und

---

[2] Die Schwägerin

dann in Richtung Schüttorf krepierten, noch unheimlicher, wie die eigene Artillerie in unsere Richtung schoss. Und dann hörten wir die Panzer rollen, und immer noch kamen versprengte deutsche Soldaten vorbei: meist junge Kerlchen, ganz erschöpft und ausgehungert. Oma schöpfte Milchsuppe aus, wir strichen Butterbrote, und dann zogen sie weiter: früher oder später in die Gefangenschaft hinein. Nach Tagen erschien das erste Tommy-Auto auf dem Hof, wir saßen, etwas bange, in der Küche. Es klopfte, drei Engländer erschienen und sagten das formlose Wort »eggs«, nahmen die Eier in Empfang, legten ein paar Klümpchen[3] auf den Tisch: »For babies« und verschwanden. Das wiederholte sich immer wieder, Schlimmeres passierte auf unserem Hof nicht, wirklich ein besonderes Geschenk: Denn auf anderen Höfen wurde viel gefordert, geplündert oder zerstört.

Du bekamst von aller Aufregung etwas mit und wusstest doch nicht, was los war. Du warst in den ersten Tagen ziemlich verstört, dazu kam eine ganz gehörige Erkältung von der Sturmfahrt her. Aber mit der Zeit lebtest Du ich gut ein, hattest Freude an Deinen Vettern und Kusinen und benahmst Dich entschieden gut. Änne sorgte wie ein Mütterchen für Dich: Fütterte Dir Deine Bröckchen, putzte – unter Deinem heftigen Protest – Deine Nase und wusch mit Begeisterung Deine Windeln, sogar die schmutzigen. Es war schön, dass Oma und Opa so auch ihr sechstes Enkelkind näher kennenlernten, und ich glaube, sie haben dich richtig lieb bekommen.

---

[3] Bonbons

Tagebuch von Trudi Tibbe

Du fühltest Dich so daheim in Quendorf, dass ich ohne Sorge losfahren konnte, um in Lingen nach unseren Habseligkeiten zu sehen. Das erste Mal kam ich erfolglos zurück: Man ließ mich nicht über die Haneken-Brücke. Aber am 23. April gelang es endlich. Lingen sah traurig zerschossen aus. Ich war erleichtert, wenigstens von weitem doch alle drei Kirchtürme zu erkennen, und froh war ich, als unser Haus noch stand. Frau Staedtke begrüßte mich: »Machen Sie sich auf das Schlimmste, das Allerschlimmste gefasst.« In unserem Haus hatten sie wie die Wilden gehaust: erst die SS, dann die Engländer, dann Fremdarbeiter (Polen, Holländer, Russen) und dann wohl auch Lingener Frauen. Es war ein unbeschreibliches Durcheinander: Alles war aus den Schränken und Schubladen gerissen, beschmutzt, zertrampelt, bewusst durcheinandergebracht. So stand z. B. unser hinteres Bett im Keller aufgeschlagen, Deine nicht gestohlene Wäsche lag auf den Kohlen, unsere Fotografien lagen zwischen zerschlagenen Eiern und ausgeschütteten Saftflaschen und Marmeladengläsern im Keller, Dein Kindermehl fand ich in Staedtkes Küchenschrank wieder, ein Teil unserer Teller stand im Unterrichtsraum usw. usw. Und sehr, sehr viel fehlte. Papa hat hier, wenn er heimkommt, nur noch einen Hut, einen Schlafanzug und ein paar Socken und einen schwarzen Schlips! Uhren, Radio, Fahrrad, Wäsche, Wolle, Kleider, Kleidchen und Strampelhöschen und Gummiunterlagen von Dir – alles gestohlen. Das Empfindlichste sind vielleicht die fehlenden Matratzenteile in Papas Bett. Fast alle Fensterscheiben sind entzwei, und Glas gibt's nicht. So habe ich Holz, Pappe und Papier vor die Fenster genagelt. Im Wohnzimmer war keine andere Hilfe als größere Fensterflügel in die Füllung zu nageln, nun sind die Fenster aber auch ganz zu und können gar nicht geöffnet werden. Und das im Mai! Aber der Durchzug war zu schlimm, besonders für Dich.

Am 2. Mai bin ich wieder mit Dir hier angekommen. Du zogst, im Körbchen schlafend, in Lingen ein und wurdest mit ganz großem Hallo begrüßt. Das Schönste war, wie Du Dein Heim begrüßtest: mit Freude und Ausgelassenheit, die ich wohl noch nie an Dir sah. Du lachtest Frau Staedtke in einem fort an, krochst auf Almuths Krankenbett herum und quietschtest vor Freude. An Schlafen dachtest Du nicht, obwohl es schon 9 Uhr war.

Ja, nun sind wir wieder daheim und müssen erst einmal Ordnung schaffen. Wie gut, dass Haus und Möbel erhalten sind.

Vorgestern Abend wurde die Kapitulation der deutschen Truppen in Holland und Norddeutschland gemeldet. Wo unser Papa ist und wie's ihm geht? Über einen Monat hörten wir nun nichts von ihm. Aller Verlust an schönen Dingen wiegt nichts – wenn er nur gesund heimkehrt.

Im Juli 1945 wurde Johann Tibbe aus englischer Gefangenschaft entlassen; dort hatte er bereits als Pastor gearbeitet. Ende September zog die Familie nach Hamburg-Altona in das oberste Stockwerk des Kirchengebäudes der evangelisch reformierten Gemeinde, in eine Wohnung, die zwar erhebliche Bombenschäden aufwies, aber auch einen weiten Blick über die Elbe und den Hafen.

Briefe von Annemarie Techand (1917–1996), Kunsthandwerkerin. Der erste Brief geht an ihre Mutter, der zweite an Mutter und Schwester. Im Februar 1945 aus Danzig geflohen, sind Mutter und Schwester in Lüchow bei Verwandten untergekommen, während Annemarie und ihre Freundin Friedel in Hildesheim, Niedersachsen, landeten.

Annemarie Techand ist 1945 achtundzwanzig Jahre alt.

Hildesheim, d. 4. 3. 45

Liebe Mutti!
Heute will ich mal an Dich einen Brief schreiben. Bis jetzt schrieb ich ja immer nur Hanna. Ja, heut ist Hannuschs Geburtstag und wir sagten schon vorhin, wäre alles so gekommen, wie man es sich dachte und wir hätten nach Hause fahren können, hättest Du heut sicher das letzte Glas Erdbeeren zur Torte aufgemacht. So knabberten wir zwei übriggebliebene Pfefferkuchen von Weihnachten und mussten auch zufrieden sein. Ob ihr euch einen Kuchen habt backen können? Ja, mit der Ernährung, das wird jetzt schwierig. Es gibt jetzt kein markenfreies Stammgericht mehr, Gas haben wir noch keins zum Kochen (haben es aber schon beantragt) und Kartoffeln haben wir auch keine, da hat Friedel die Marken dummerweise im Rosenstock abgegeben, wir wollen sie uns aber wiedergeben lassen. Sicher können wir noch von Frau Fezaruk welche erben, sie hat uns ja immer welche gegeben. Friedel hat immer dollen Hunger,

mit mir geht's. Und meine schönen Zusatzmarken fallen auch weg. Nur noch ein paar Liter Milch haben wir. – In unserer neuen Wohnung ist es sehr nett. Heute haben wir zwar sehr gefroren. Die Gasheizung ging erst nachmittags anzustellen, war vormittags ganz schwach nach den gestrigen Bombenabwürfen. Gut, dass uns Friedel vorgestern Nachmittag auf der Polizei anmeldete, gestern stand sie schon nicht mehr. Am 24., als wir entlassen wurden, schmissen sie paar dicke Bomben auf Hildesheim. Es gab dreihundert Tote und einige der schönsten alten Straßen sind hin. Ja, die Hildesheimer waren leichtsinnig. Jetzt sind die Stollen überfüllt, schon, wenn gar nichts los ist. Gestern Abend war es beängstigend, so wahnsinnig überfüllt, dass wir jetzt nicht reingehen wollen, sondern im Splittergraben[4] vorm Haus bleiben, oder in den Wald gehen. Heute war nun den ganzen Tag kein Alarm, das ist wie ein Geschenk. Unsere Wäsche haben wir gar nicht trocken bekommen, d. h. die Bettwäsche schon, die haben wir heute aufgezogen, Friedel hat heut Vormittag geplättet, ich blieb im Bett und nähte. Bis jetzt schliefen wir zusammen in »roten«[5]! Man kommt sich so verwahrlost vor. Eine Zeitlang war kein Wasser, oft kein Licht! Meine Haare sind seit Danzig nicht gewaschen. Die Klamotten vom Umziehen verknüllt und nicht in Ordnung. Der ewige Schieß-Alarm. Jetzt ist auch noch mal solch ein scheußliches, kaltes Mistwetter! Friedel schimpft so wegen der Wäsche. Der Trockenplatz ist zwischen niedrigen Obstbäumen, dass die großen Stücke <u>immer</u> an die

---

[4] Schützengräben in Zickzack-Form
[5] Wahrscheinlich: Bettzeug ohne Bettbezüge, nur die Inletts aus rotem Stoff.

Zweige anschlagen und ganz dreckig werden. Wir haben uns so geärgert. Tante Dora hätte wohl nicht einmal Bettwäsche für mich zum Wechseln? Ihr lasst gar nichts von Euch hören. Schreib mir doch gleich, ob Du lieber dicke oder dünne Schlüpfer oder Strümpfe auf Deine Karte haben möchtest! Hat Vater mal geschrieben? Ich will mal jetzt an ihn schreiben. – Machst Du jetzt dort den Haushalt, Muttchen? Sicher doch. Aber Du hast ja Hanna zur Hilfe. Am liebsten möchte ich manchmal meine Sachen packen und auch zu Euch kommen. Aber ihr habt sicher schon knapp Platz und was sollte ich dort arbeiten? Ich bin so froh, dass ich mit Friedel zusammen sein kann und ihr seid wenigstens auch zusammen! Nun schreibt mir bloß bald mal. Hoffentlich sind die zwei Päckchen und Hannas Geburtstagsbrief schon da?

Nun allerherzlichste Grüße, mein liebes Muttichen, auch an Hanna und Familie und Onkel Ernst und Tante Dora von Deiner
Annemie.

Oedelum, d. 24. 3. 45

Meine liebe Mutti, liebe Hannusch!
Ich hab kein anderes Briefpapier hier, also nehmt mit diesem vorlieb![6] – Ja, da kann man mal wieder Geburtstag feiern.[7] Ihr habt doch bestimmt vom Groß-Angriff auf

---

[6] Das Papier ist zum Teil schon beschriftet.
[7] Vielleicht ist hier »Geburtstag« symbolisch gemeint – die Schreiberin hat Glück gehabt und überlebt.

Briefe von Annemarie Techand

Hildesheim[8] gehört und gelesen – und macht Euch nun Sorgen um mich. Ja, die wunderschöne Stadt haben die Schweine gestern völlig ausradiert. Es ist alles so traurig und schrecklich. Und was hatten wir für ein Glück!! Die Karte, auf der ich Euch schrieb, dass Krolls[9] am Sonnabend in Hildesheim ankamen, habt Ihr doch bekommen? Es war schlimm, mit den Kindern auf den Galgenberg und in den Stollen laufen bei dem vielen Alarm. Darum versuchten wir so schnell es ging mit ihnen rauszukommen. Gestern früh um ½ 6 (gleich nach dem Alarm) fuhren wir los. Die NSV[10] hatte sie nach Oedelum verwiesen. Bis Garbolzum (12 km) fuhren wir mit der Bahn und mussten dann 5 km laufen. Wir hatten furchtbar viel zu schleppen. Es war solch ein wunderschönes Wetter wie selten. Krolls bekamen dann hier drei schöne Zimmer in einem großen Bauernhof. Die Bäuerin ist sehr nett. Eine richtige alte, weißhaarige Niedersachsen-Bäuerin, wie man sie sich vorstellt. Und ein Essen gibt es, fabelhaft!! Heute einen Pudding mit so viel Eiern und Schnee! Eben sind wir von einer Ausfahrt zurückgekommen. Frau Brandes musste zum Zahnarzt nach Hoheneggelsen und nahm Friedel und mich mit. Es war herrlich so durch die Felder zu fahren. – Ja, und als wir gestern Nachmittag wieder nach Hildesheim fahren wollten, erlebten wir um 14 Uhr den Angriff auf Hildesheim. Wir saßen ganz verstört auf der Landstra-

---

[8] Am 22. März 1945 flogen britische und kanadische Bomber einen Großangriff auf das Stadtzentrum von Hildesheim. Die Altstadt wurde fast völlig zerstört. Insgesamt starben etwa 1500 Zivilisten bei diesen Bombenangriffen auf Hildesheim im März.

[9] Familie von Friedel

[10] »Nationalsozialistische Volkswohlfahrt«, Parteiorganisation der NSDAP.

ße unter einem Baum und sahen, wie sie das Rauchzeichen zum Angriff auf Hildesheim setzten. Die Flugzeuge machten einen weiten Bogen und flogen auf Hildesheim zu. Und dann gings los! Ganz schrecklich! Man konnte bis hierher sehen, wie es rauchte, und nachts den roten Himmel. Der Zug aus Garbolzum ging pünktlich los und wir mussten noch doll rennen. Wir wollten doch sehen, ob unser Haus noch steht, und, falls was zu retten ist, holen. Ihr könnt Euch gar nicht vorstellen, wie das aussah, als das so brannte, der Zug fuhr bloß bis an den Stadtrand und wir rannten außen rum, in die Stadt kam keiner rein, alles ein Flammenmeer. Ganz verdreckt vom Rauch, Ruß und Löschwasser langten wir an unserm Haus an. Es stand noch! Bis auf Fensterrahmen usw. Wir borgten uns von unserm Nachbarn einen schönen Handwagen und packten schnell Krolls restliche Sachen in ihren Seesack und unsere Sachen in Rucksäcke und Taschen, so viel wie rauf ging, und hauten ab. Bloß raus aus dem Hexenkessel. Gut, dass wir noch umzogen, die Vio[unleserlich]str. ist hin. Wer weiß, wen wir noch von all unsern Bekannten wiedersehen? – Wir sind dann gestern um 18.30 aus Hildesheim raus und waren um 22 Uhr in Oedelum (22 km). 35 km Tagesleistung spüren wir erst heute. Morgen müssen wir nun noch mal rein und Zeug holen. Hoffentlich geht's mit der Bahn. Friedel und Herr Kroll sind eben zur NSV, ob wir beide auch hier bleiben können, in Hildesheim ist doch keine Arbeit mehr. Wenns bloß klappt!

Sonntag: Gestern bin ich gar nicht mehr zum Schreiben gekommen. Friedel, Herr Kroll und ich fuhren mit einem Lastauto, das aus Hildesheim hier war, nach Hildesheim und nahmen den Handwagen mit. Dann luden wir dort

den Handwagen proppenvoll und marschierten wieder nach Oedelum. Diesmal mussten wir uns mehr anstrengen. Die Last war zu schwer. Herr Kroll hatte mit dem Marschieren allein zu tun und konnte nicht mal schieben oder ziehen! – Wir bekamen in einer Groß-Sammelstelle einen Umquartierungsschein hierher, Flüchtlingsschein auch. Frau Brandes will uns ab Mittwoch hier auch ein Zimmer geben. Dieses ist aber nach Ansicht der anderen drei zu schön für uns. Lieber möchten wir ja auf einen anderen Hof, trotzdem es einfach herrlich ist, aber immer mit allen zusammen … Na, wir werden sehen. Schlimm ist es nur, wenn man keine richtige Arbeit hat. Friedel hatte so schön in Hildesheim angefangen. – Fr. Fezaruk hat alles verloren. Unsere Schule ist platt mitsamt unseren schönsten Arbeiten, die man uns wegnahm. Habt ihr das Paket für Karli[11] bekommen? Vielleicht kann ich bald wieder mal was schicken. Jetzt brauche ich ja keine Marken mehr! Uns geht's im Essen ja sooo gut! Noch kocht die Bäuerin für uns. Später soll das Christel[12] machen. Nun seid allerherzlichst gegrüßt und geküsst von
 Eurer Annemie.

Nach ihrer Ausbildung zur Werklehrerin in Hildesheim arbeitete Annemarie Techand als Grafikerin für Zeitschriften, später freischaffend als Keramikerin und Malerin. Sie zog nach Kiel, eine Stadt an der Ostsee wie ihre Heimatstadt Danzig.

---

[11] Neffe von Annemarie
[12] Schwester von Friedel

Tagebuch von Elisabeth Rautenberg (1899–1982), geborene Brandes, verheiratet mit Wilhelm Rautenberg (1893–1974), Superintendent. Das Tagebuch enthält ungewöhnlich viele Details und Namen, die nicht alle zugeordnet werden konnten. Sie zeigen das große Interesse der Autorin an ihrem sozialen Umfeld. Elisabeth Rautenberg ist 1945 sechsundvierzig Jahre alt.

Aufzeichnungen für unsere Kinder

Karfreitag, den 30. März, mehren sich die Alarmnachrichten über den Vormarsch der Amerikaner, sie werden dicht vor Kassel gemeldet, und man rechnet mit einem baldigen Eintreffen, auch von der Weser (Holzminden) und Paderborn kommen beunruhigende Meldungen. Die Dorfbewohner[13] suchen sich Verstecke für ihre Lebensmittel und Wertsachen. Wir haben noch nichts vorbereitet, abends wickeln wir das Silber noch ein.

Sonnabend, der 31. März, weicht doch schon ab von seinen Vorgängern der letzten Jahre. Grete[14] fährt nach Northeim, um unser Fleisch zu holen. Nicht enden wollende Schlangen vor den Schlachtereien, Bäckereien und Lebensmittelläden, alle kaufen die Waren für ihre restlichen Marken. Tiefflieger greifen die Stadt an. Nachmittags roden wir auch Büchsen bei,[15] eine Tonne im Gemüseloch draußen und einen alten Dämpfer hinter dem

---

[13] Von Hohnstedt, einem Dorf bei Northeim, inzwischen Ortsteil von Northeim, Niedersachsen.
[14] Sekretärin von W. Rautenberg
[15] Vergraben von Lebensmittelkonserven.

Pfirsich unter der Komposterde. Abends gegen 8 Uhr kommt regelmäßig ein Tiefflieger unsere Strecke entlanggeflogen, »U. v. D.«[16] oder »Bacharach« nennt man ihn, er greift Züge und Lastwagen auf der Straße an.

Am 1. Ostertag, den 1. April, weckt uns um 6 Uhr schon das Telefon, Herr Missionar Scheile war zum Schanzen[17] aufgerufen, kurz vor 8 Uhr meldet sich Herr Harnack, auch er muss zum Schanzen und kann seinen Gottesdienst nicht halten. Große Not, Vater hat den Gottesdienst in Moringen übernommen, absagen dort ist unmöglich, weil keine Verbindung zu bekommen ist. Was hilft es, ich muss mich schnell vorbereiten und Lesegottesdienst halten; schade, die Kirche war sehr gut besucht. Die Männer vom Volkssturm waren allerdings auch zum großen Teil zum Schanzen vor Northeim. Auf der Höhe von Fuchsbäumen wurde eine Panzersperre gebaut, an der Straße entlang im bebauten Acker Schützengräben. Vater fährt anschließend in Schnedinghausen vor. Der Tag ist, wie alle die Tage vorher, unterbrochen durch Fliegeralarm. Auf den Straßen reiht sich Auto an Auto, bei uns trinkt ein Wiener nachmittags Kaffee. Mutter und ich gehen noch kurz zu Kaufmanns, die ganz erstaunt sind, dass wir Zeit haben zum Besuche machen. Sie rechnen nach den neuesten Gerüchten damit, dass Hohnstedt – das seit einigen Tagen zum Kriegsgebiet gehört – Kampfgebiet wird und geräumt werden muss; sie verstauen in genähten Rucksäcken die nötigsten Sachen. Auf uns greift diese Unruhe und Aufregung nicht über.

---

[16] Unteroffizier vom Dienst
[17] Bauen von militärischen Befestigungsanlagen.

Tagebuch von Elisabeth Rautenberg

Am 2. Ostertag hält schon früh ein Auto vor unserem Tor, das repariert werden muss. Die beiden Soldaten holen wir uns zum Kaffee und Mittagessen. Sie kommen aus einem Kessel bei Corbach. Ein Spieß ist der oberste Führer ihrer auseinander gesprengten Truppe. Das Dorf gleicht einem Heerlager, einzelne Autos und Kolonnen jagen hin und her, Flüchtlinge mit Karren, Wagen und Rädern kommen die Straße entlang, ein trauriger Anblick. Wir sahen nicht so viel davon wie die Anlieger der Straße. Nachts wachen wir auf von dem Geknatter der Tiefflieger, die die Kolonnen angreifen.

Der Dienstag sieht uns bei fleißigem »Beiroden«. Vater entdeckt unter dem Badezimmerfenster die Möglichkeit, unter dem Fundament eine Höhlung zu schaffen, in der wir Wilfrieds Offizierskoffer mit Silber, Schmuck, etwas Wäsche und Wollsachen stellen. Unsere Tonne aus dem Gemüseloch buddeln wir wieder los und verstauen sie mit noch einem Koffer und einem Schmalztopf im letzten Holzstall hinten an der Südwand. Der Volkssturm und alle Ausländer, auch die Arbeiter vom Zementwerk, müssen wieder zum Schanzen. Auf die Vorstellungen der Bauern, dass alle Bestellungsarbeiten liegen bleiben, kommt die Antwort: Schanzarbeit geht vor Feldarbeit, Northeim wird zur »Festung« gemacht.[18] Friedel Albrecht muss mit seinem Motorrad als Melder zum Kampfkommandanten. Abends kommt Herr Harnack und erzählt von den ungeheuren Zerstörungen der letzten Luftangriffe auf Hannover. Alle Fabriken sind bis auf die Grundmauern vernichtet.

---

[18] Zur Festung erklären hieß, dass die Stadt »bis zum letzten Mann« verteidigt werden musste.

Tagebuch von Elisabeth Rautenberg

Am Mittwoch, dem 4. April packen wir Bücher, Betten, Wäsche ein und schaffen sie ins Archiv. Gegen Mittag kommt Auguste[19] ganz aufgeregt, Albert ist verwundet. Er war mit zur Zuckerfabrik, wo noch Schnitzel[20], die bei dem ersten Angriff nicht verbrannten, abgefahren werden sollten. Bei Voralarm kam ein Angriff auf den Bahnhof, bei dem auch die Zuckerfabrik wieder getroffen wurde. Es gab einige Verletzte, die wild gewordenen Pferde wurden z. T. erst in Moringen wieder aufgefangen. Die Schwellentränke[21] diesseits des Bahnhofs brennt, der Zugverkehr ist wieder unterbrochen. Die Schanzer vor Northeim kommen mit dem Schrecken davon. Mittags kommt ein Brief von Wilfried vom 22. März. Diese Freude und doch gleich wieder das bange Fragen, wo mag der Junge nun stecken? Autos rasen hin und her, man kann sich gar kein klares Bild machen, die unmöglichsten Gerüchte über die Front an der Weser laufen durch das Dorf. Die meisten Dorfbewohner sind von einer manischen Aufregung und Unruhe erfasst.

Am Donnerstag, dem 5. April fährt Grete früh nach Northeim, um Fleisch zu holen. Tiefflieger greifen wieder den Bahnhof und Züge an, bei Schnedinghausen wird ein Munitionszug getroffen. Es wird weiter geschanzt. Wir schaffen auch die kirchlichen Nebenbücher und unser Zeug in den Keller, da die Möglichkeit, dass Hohnstedt auch Kampfgebiete wird, immer größer wird. Die Gemälde usw. kommen ins Archiv. Abends junge Mädchen [zur

---

[19] Frühere Hausgehilfin im Pfarrhaus
[20] Zuckerrübenschnitzel
[21] Werk zum Imprägnieren von Eisenbahnschwellen

Aushilfe] im Wohnzimmer, der U. v. D. fliegt wieder seine Runde.

Am Freitag, dem 6. April neue Aufregung. Der Volkssturm muss am Nordeingang des Ortes bei Reuters Scheune eine Panzersperre bauen. Gegen Mittag kommt der Gegenbefehl: Abbrechen, bei Kirleis wieder beginnen. Große Aufregung in der Gemeinde, was hat das zu bedeuten? Die Spannung steigert sich ungeheuer. Die Nachrichten von Kassel und der Weserfront sind sehr dürftig, aber tolle Gerüchte schwirren hin und her. Gut, dass wir so wenig ins Dorf kommen.

Der Sonnabend bringt für Northeim und Einbeck schlimme Szenen. »Ausverkauf« in den Läden, Stoffe und alle möglichen Sachen, die bis jetzt nie zu haben waren, werden verkauft. Die Menschen drängen sich zu Tode, die Verpflegungsämter der Wehrmacht werden geräumt und gestürmt, wertvollste Lebensmittel bedecken die Straßen. Reis, Erbsen, Graupen, Zigarren, Zigaretten werden zertreten. Wein, Cognac werden in solchen Massen verteilt, dass Soldaten, Zivilisten, Polen sinnlos betrunken sind. Wertvollste Sachen, die bei zweckmäßiger Verteilung für lange Zeit reichen könnten, werden verschleudert und zum großen Teil sinnlos vernichtet. Mittags kreisen Zweirumpfmaschinen über Northeim und greifen die Stadt an, geringe Schäden. Nachmittags pflanzen wir Kartoffeln und beobachten dann kurz vor 18 Uhr, wie drei Mal sechs Bomber Northeim zwei Mal anfliegen, ohne Bomben zu werfen. Aber als sie dann zum dritten Mal ankommen, ausgerichtet wie beim Manöver in niedriger Höhe, krachen die Bomben. Sie verschwinden nach Westen, kommen wieder und wieder und laden ihre Last ab. Oben vom Boden konnten wir die ungeheuren Brände aufsteigen sehen. Die Amerikaner hatten Maßarbeit geleistet, wie wir nachher hörten: Der Bahnhof mit Gebäude, die Überführungen, die Schwellentränke nach Süden, die Strecke bis über Sudheim hinaus, und vor allen Dingen mehrere Munitionszüge auf dem Bahnhof waren zerstört, die vollen Eisenbahnwagen waren auf den Kopf gestellt. Die Stadt an und für sich blieb unversehrt bis auf die Nähe des Bahnhofs und zersprungene Fensterscheiben. Dieser Angriff brachte uns die Trennung von der Umwelt, kein Licht, keine Eisenbahn, keine Zeitung, keine Post mehr. Nun hören wir nichts mehr von unseren lieben Kindern, und wir können ihnen auch nicht mehr schreiben, wie schmerzlich. Durch den Wegfall des Stroms gibt es auch kein Radio mehr, jetzt sind wir nur noch auf Gerüchte angewiesen. Viele Menschen schlafen schon im Keller oder ziehen sich nicht mehr aus. Flieger brummen Tag und Nacht, Entwarnung gibt es nicht mehr. Wir sind ganz ruhig in der Gewissheit, dass Gott unsere Stunde bestimmen wird. Abends hören wir im Westen und Nordwesten Artilleriefeuer und sehen das Mündungsfeuer der Geschütze. Versprengte Soldaten kommen durch unser Dorf.

Der Gottesdienst am Sonntag wurde in aller Ruhe noch gehalten, mittags wird bekannt gemacht, dass nachmittags Zucker abgegeben wird, für die Person zehn Pfund. Um 3 Uhr hört man plötzlich unsere Klingel wieder im Dorf mit dem Ruf »Panzeralarm«. Auguste kam aufgeregt angelaufen, Boshusens und wir schaffen noch viel in den Keller, auch Stühle kamen jetzt nach unten. Aber es erfolgte nichts, alle möglichen Gerüchte tauchen auf: Die Panzer wären von Einbeck nach Gandersheim abgebogen und in Northeim nach Katlenburg. Die Panzersperre ist nicht fertig geworden, die Bauern sind sich alle einig, dass eine Verteidigung des Dorfes sinnlos ist. Um 6 Uhr schicken Steinhoffs, dass eine Sonderzuteilung ohne Marken erfolgt: Graupen, Erbsen, Kunsthonig, Kandis, Salz und Seife. In dieser Nacht gehen die wenigsten Menschen ins Bett, überall im Westen Artilleriefeuer.

Wir legen uns zu Bett und werden am Montagmorgen um 6 Uhr durch einen gewaltigen Knall geweckt, den wir uns nicht zu erklären wussten. Heftiges Reden und Schelten klang von der Straße her. Vater zog sich an und ging hin. Was war geschehen? In der Nacht hatten Unbekannte auf der Brücke über die Holze und vor Seeger-Frankens Hause eine Minensperre gelegt. Ein deutscher Lastwagen hatte eine der Minen berührt und war am Kühler beschädigt, ein Schutzblech fanden wir in unserem Garten. Es gab nur einige Verwundete. Kirleis Haus und Herr Kienes Bude büßten an der Westseite die Fenster ein, in den Giebel wurden Löcher gerissen. Alle möglichen Verdächtigungen wurden ausgesprochen, aber das Geheimnis ist nicht gelüftet. Von Northeim aus wurden die Minen fortgeräumt, wie viele Menschen hätten dabei zu Tode kommen können? Die Verpflegung von dem Auto wurde zum Teil an alle (Butter), zum Teil an die Evakuierten (Ölsardinen, Süßigkeiten usw.) verteilt. Emil Knoke hat sich gleich einen großen Käse beiseite geschafft. Die Austeiler: Ernst Weber, Denecke, Blumenhagen, Höltjen-Ludolph (der am Tage vorher seine Frau beerdigt hat) sind toll betrunken. Angeblich von »Essigsprit«, wie sie uns erklärten. Auto auf Auto, jetzt mit Infanterie, sausen

Tagebuch von Elisabeth Rautenberg

den ganzen Tag über durchs Dorf, Richtung Ahls- und Eboldshausen. Die Kinder haben einen guten Tag, die Soldaten werfen Keks und Schokolade heraus, es wird ja alles geräumt. Flieger kreisen, um ½ 5 Uhr wieder Panzeralarm. Wir packen unsere Betten zusammen und legen uns unten auf die Diele. Überall nach Nordwesten Explosionen von Sprengungen. Wir gehen auch mal an die Straße. Soldaten über Soldaten, der Divisionsstab trifft ein und nimmt bei Albert Lüdeke Quartier, zwei Panzer stehen oben bei Kappeis. Plötzlich ein neuer Ruf durchs Dorf: »Verschärfter Alarm, alles sucht Keller oder das freie Feld auf, das Dorf wird verteidigt«. Wie ein Ameisenhaufen wimmelte alles durcheinander, das Oberdorf, das durch die Nähe des sehr aufgeregten Generals angesteckt war, wanderte zum größten Teil aus, [Familie] Heeres sogar mit dem Kuhwagen, auf dem sie ihre Habe verstaut hatten, andere mit Karren und Handwagen und verbrachten die Nacht draußen. Für uns stand gleich fest, dass wir zu Hause blieben. Die Bauern mussten ihre Höhlenwagen[22] ins Oberdorf als Panzersperre bringen. Aber alle Aufregung war umsonst, der Ami kam noch nicht. Grete blieb noch draußen und erhaschte allerlei von der Unterhaltung der Offiziere. Um ½ 10 Uhr erschien sie plötzlich mit einem Oberleutnant und seinem Burschen, die wir gern als unsere Gäste aufnahmen. Vierzehn Tage hatten sie kein Bett gesehen. Nach einer gründlichen Waschung in der Küche und einer Rasur mit Vaters Apparat taten sie sich gütlich an Bratkartoffeln und Spiegeleiern. In Gedanken sah ich Euch liebe Jungen an unserem Tisch

---

[22] Zweirädrige Pferdekarren

sitzen, wie weh wurde mir bei dem Gedanken an Euch. Ob Ihr auch ein Haus fandet, das Euch gastlich aufnahm? Schnell wurden die Betten gerichtet, für den Oberleutnant Janisch in Gretes Zimmer, für den Burschen im Esszimmer, alles mit Kerzenlicht und kleiner Sturmlaterne. Während des gemütlichen Beisammenseins hörten wir immer wieder Arifeuer[23]. Immensen, das verteidigt wurde, hatte viele Brände, man sah überall am Himmel die Feuer aufsteigen. Vor Northeim schossen die Garben eines explodierenden Munitionszuges in die Luft, den Tiefflieger in Brand geschossen hatten. Wir legten uns in dieser Nacht angekleidet ins Bett, weil wir damit rechnen mussten, dass unsere Gäste plötzlich geweckt werden würden. Aber das geschah nicht, nur das Arifeuer und die Sprengungen unterbrachen die Nachtruhe. Abends spät erfahren wir noch, dass die Amerikaner vor Northeim stehen, an der anderen Seite in Einbeck (Salzderhelden, nach Müllershausen).

Der Dienstagmorgen, 10. April, ist von großer Unruhe erfüllt. Zum Arbeiten im Garten haben wir keine Ruhe, da holen wir unsere Schwarzwurzeln – eine Wanne voll – zum Einmachen herein. Aber, oh Schrecken, wenn die beiden, Frau Boshusen und Oma, nicht zur Seite gestanden hätten, wären wir nicht fertig geworden. Es war ein dauerndes Kommen und Gehen. In aller Frühe erschien schon ein junger Leutnant mit einem Begleiter, um sich unseren Wagen anzusehen, der ihm natürlich nicht genügte. Sie stärkten sich erst mal und erwärmten sich durch heißen Kaffee, wie sahen die Armen aus. Dann erschienen unsere

---

[23] Artilleriefeuer

Tagebuch von Elisabeth Rautenberg

Leutchen allmählich, zu denen sich noch zwei Leutnants und ein Oberfeldwebel gesellten, sodass wir bald eine muntere Kaffeegesellschaft beieinander hatten. Alle Strapazen und das Niedergedrücktsein waren vergessen, Vater saß bei ihnen. Und es stellte sich heraus, dass sie zur motorisierten Flak gehörten, aber bei Polle ihr letztes Geschütz verloren hatten, sodass sie nun als Infanterie kämpften. Sie kamen seit ihrem Einsatz aus dem 6. Kessel.[24] Keine Ruhe hatte ihnen der Ami gelassen, bei Polle – das sehr gelitten hat – hatten sie den letzten größeren Widerstand geleistet, seitdem befand sich die Truppe in Auflösung. Der Oberleutnant fuhr dann mit dem General los, in der Annahme wiederzukommen. Aber es wurde nichts daraus, wo er abgeblieben ist, wissen wir nicht. Sein siebzehnjähriger Bursche Franz Budde aus Duisburg verbrachte den Tag lesend, schlafend und wartend. In all die Unruhe hinein erscheint plötzlich eine fünfköpfige Familie mit einem Zettel vom Bürgermeister, der uns bittet, sie vorübergehend aufzunehmen. Für alles muss noch gesorgt werden, und es geht auch, wenn auch nur behelfsmäßig. Das Dorf lebt von Soldaten, überall Posten mit Panzerfäusten. Was wird wohl? Mittags die Parole: »Das Dorf wird nicht verteidigt, in fünf Minuten verschwindet der General.« Gegen 7 Uhr rings herum Schießerei: Ari, Pak, MG.[25] Nach Müllershausen gehen einige Treffer, Engelkes Haus wird getroffen, Hans Vogt verwundet. Um 8 Uhr neue Aufregung, der General ist wieder aufgetaucht, mit mehreren Majoren und SS-Offizieren: »Das Dorf wird verteidigt!« Beim Kirchhof

---

[24] Ist die sechste und letzte Kesselschlacht um Kurland im März 1945 gemeint?

[25] Artillerie, Panzerabwehrkanone, Maschinengewehre

Tagebuch von Elisabeth Rautenberg

werden zwei Paks in Stellung gebracht, Infanterie geht bei Vogelbeck in Stellung. Die Bauern müssen Wagen, Eggen usw. als Panzersperre nach dem Friedhof schaffen. Das ist alles, was man dem Ami entgegenzustellen hat. Oben bei Lüdekes stehen noch zwei Sturmgeschütze, die wohl zum Stabe gehören. Mitten in diesen Vorbereitungen ist mit einem Mal keine Funkverbindung nach Willershausen mehr zu kriegen. Andere Alarmnachrichten treffen ein, der Ring wird immer mehr geschlossen, sodass es wohl nur eins gibt: schnell abrücken. Die führenden Leute des Dorfes, auch Vater, sind dabei und versuchen ihr Bestes, unser liebes Dorf vor der Verwüstung zu bewahren. Um 10 Uhr rückt der Divisionsstab mit den Sturmgeschützen Richtung Eboldshausen ab, sie hoffen, bei Kahlefeld noch durchzukommen. Die Pak steht am Kirchhof ohne Befehl, man hat sie wohl vergessen. Die Herzen gehen dorthin und erleben nun mit, in welcher Not solch ein junger Leutnant steckt, der Befehl zur Verteidigung hat und sich verlassen weiß. Endlich kommt noch ein Melder von der Division und bringt den Befehl zum Abrücken. Um 12 ½ Uhr verlässt das letzte Geschütz unser Dorf, ob es noch durchkam? Wohl kaum. Von der Infanterie bei Vogelbeck taucht am Freitagmorgen der junge Leutnant, der bei Ahrens im Quartier lag, auf. Sie sind nicht mehr durchgekommen, und er teilt nun das Los der vielen, vielen, die wie die Landstreicher über unsere Straßen ziehen, sich verbergen müssen und den Weg nach Hause suchen.[26] Als Vater nach Hause kam, legten wir uns dankbar zu Bett.

---

[26] In den letzten Kriegswochen waren viele Soldaten von ihren Einheiten getrennt worden beziehungsweise geflohen. Verstecken mussten sie

Tagebuch von Elisabeth Rautenberg

Am Mittwoch, dem 11. April, wir tranken Kaffee und hörten dann ganz nahe Artillerie- und MG-Feuer. Schon rollten die ersten Panzer von Salzderhelden her in das Dorf. Vater, Grete und Hildegard beobachteten an der Straße den Einmarsch von 21 Panzern, einer Menge Panzerspähwagen, Munitions- und kleinen Personenwagen. Ausgeschwärmte Infanterie begleitete die Fahrzeuge. Fünf Mann kommen über den Kirchhof in unseren Grasgarten, sehen sich um und buddeln an jeder Seite ein Loch zur Verteidigung. Wie wir später hören, wurde aus den Leinewiesen noch geschossen, daher auch im Unterdorf Maschinengewehrnester in den Häusern und Panzer in Stellung. Es passiert aber weiter nichts. Plötzlich kommt Liesbeth mit einem Handwagen, auf dem alle mögliche Habe verstaut ist: Kaufmanns müssen in 30 Minuten räumen, die Schule soll Lazarett werden. Diese Entscheidung wird aber nach einigen Stunden wieder aufgehoben und Kaufmanns können zurück, finden aber vieles nicht mehr vor: Radioapparat, Schmuck, Lebensmittel. Auch Dolles, Ernst Weber und Illemanns müssen räumen. Die Amis überfluten nun das Dorf zur Durchsuchung. Zu uns kommen zwei Mann, die sich außerordentlich anständig benehmen. Sie sehen nicht einmal in jedes Zimmer, öffnen keinen Auszug. Am Schluss die Frage: »Gar keinen Schnaps?« Vater schenkt jedem einen ein, dafür wird ihm eine Zigarette angeboten und sogar danke gesagt. Drei andere, die Vater nachher vor dem Haus noch um Wein fragen, bieten ihm selbst auf die verneinende Antwort wieder eine Zigarette an. In

---

sich einerseits als Deserteure vor der Deutschen Wehrmacht, andererseits vor den Alliierten, um nicht in Gefangenschaft zu geraten.

Tagebuch von Elisabeth Rautenberg

manchen Häusern dagegen ist wüst gehaust worden. Vor allem die [Soldaten, die] bei Eichlers, Muhs usw. waren, nahmen, was sie kriegen konnten. Unheimliche Mengen von Eiern backten sie sich, auf die sie z. T. noch Marmelade oder dicke Scheiben von der gestohlenen Mettwurst vor den Augen der Leute legten. Ganze Schinken wurden mitgenommen, zwei bei Ewald Steinhoffs, einer bei Horns und Tiemanns. Schlachter Wieldts wurde auch sehr heimgesucht. Diedrichs Frauen oben waren aus ihrem Hause geflohen und fanden ein tolles Chaos wieder, alles aus den Schränken gerissen, Betten auf dem Fußboden, Schinken zerschnitten usw. Die Finger der Amis sind vollbesteckt mit gestohlenen Ringen, auch Trauringen, Armbänder trugen sie übereinander. Die Polen[27] laufen in Sonntagskleidern herum, große Verbrüderung, unter den Amis auch Polen[28], es regnet Zigaretten. Der Schweizer[29] vom Bürgermeister gibt ihnen Fingerzeige, sodass sie dort auch alles nachsuchen. Die junge Frau muss zwei Stunden vor dem Küchenschrank stehen und mit ansehen, wie sie unter anderem wertvollen Schmuck mitgehen lassen, auch die Schreibmaschine. Vater und Grete gehen nachmittags noch einmal ins Dorf und erleben den kummervollen Anblick, dass über dreißig deutsche Soldaten und einige Offiziere als Gefangene auf dem Mühlenanger zusammengebracht sind. Man fand sie bei der Durchkämmung von Stollen und Hanneken[30]. Unter

---

[27] Polnische Zwangsarbeiter
[28] Polen im Exil, die sich den Alliierten angeschlossen hatten.
[29] Ein als Melker eingesetzter polnischer Zwangsarbeiter, der »Schweizer« genannt wurde.
[30] Waldstück bei Hohnstedt

Tagebuch von Elisabeth Rautenberg

ihnen steht auch Ewald Kassau, der aus dem Lazarett auf Urlaub war und sich selbst stellte. Nachher kommt auch noch ein Major dazu. Im Laufe des Nachmittags ziehen die Amis nach Ahlshausen ab. Die ungeheure Spannung der letzten Tage weicht einer großen Müdigkeit.

Donnerstag, den 12. April: Immer noch durchrollende Truppen, dies Material! Ihr armen, armen Jungen, gegen was für eine Übermacht hattet ihr zu kämpfen! Tolle Gerüchte aus Northeim: Führende Nazis erschossen oder festgenommen. Der Kreisleiter bei Fredelsloh von den Amis erschossen (stimmt). Abends haben wir junge Mädchen [zur Aushilfe]. Viele deutsche Soldaten, teils in Zivil, kommen noch durchs Dorf. Hauptsächlich von der Leine[31] her oder aus den Wäldern, wo sie sich verborgen hielten. Manche bitten um Zivilkleidung, die ihnen nach Möglichkeit gegeben wird. Sie haben alle nur den einen Wunsch, erst einmal nach Haus zu kommen. Gestern ist auch Karl Beismann mit einem Kameraden als »Holländer« erschienen.[32] Als die Amis ins Dorf rollten, war er in Drüber. Wie sieht der arme Junge aus nach den Strapazen.

Freitag, den 13. April: Proklamation Nr. I ausgehängt: Ausgang von 7–19 Uhr. Wird von Grete als sehr unangenehm empfunden.

Sonnabend, den 14. April: Die Gemüter beruhigen sich, man geht wieder seiner Arbeit nach. Nur die Polen »feiern«, was man ihnen nicht verdenken kann. Ein Schwarzer mit Polizeibinde, von Wolpers Polen begleitet, geht in sämtliche Häuser und erklärt, dass die Polen nicht zu arbeiten brauchten, aber zu essen bekommen müssten.

---
[31] Fluss, der aus Thüringen nach Niedersachsen fließt.
[32] Offenbar haben sie sich als Holländer ausgegeben.

Tagebuch von Elisabeth Rautenberg

Nur Albert bei Auguste und Joseph bei Wolpers unten arbeiten doch. Alle möglichen Leute springen ein zum Helfen. Wir pflanzen Kartoffeln.

Am Sonntag gedenkt Vater im Gottesdienst der Ereignisse der letzten Woche. Was haben wir Gott zu danken, dass Er unsere Häuser beschützte und Euch Lieben die Heimat erhielt. Wann dürft Ihr sie wiedersehen? Mittags gibt es in Vogelbeck eine Sonderzuteilung von einem Pfund Fleisch je Person als Entschädigung für das Plündern der Amis. Grete und Luise wandern nach Stockheim, wo Strom ist, um einmal Nachrichten zu hören; wir wissen gar nicht, wie es in der Welt aussieht.

Am Montagmorgen holen wir die Kirchennebenbücher und Akten herauf und sonnen gleich einen Teil der Kleider, die im Keller hingen. Nun kann alles wieder nach oben, was wir für diese letzten Tage hinunter schafften. Wir selbst waren in den ganzen Kriegsjahren nicht einen Augenblick im Keller. – Es kommen immer neue Alarmnachrichten über die Polen, die sich angeblich Waffen verschaffen. Herrn »Sellen«-Wolper[33] holen sie mit Gewalt sein Motorrad weg. Von den Straßen hört man immer wieder, dass Ausländer Männern und Frauen die Fahrräder stehlen. Alles strebt der Heimat zu. Die Franzosen[34] ziehen mit Sack und Pack ab, über die Polen ist noch nichts heraus. Wir graben ein Stück Rasen an Steinhoffs Seite um.

Am Dienstag, dem 17. April, neue Anschläge und Plakate: Alle Organisationen aufgelöst, alle seit 1933 geschaffenen Gesetze hinfällig, Gerichtsbarkeit aufgehoben,

---

[33] Namenszusatz zur Unterscheidung von den Wolpers in Hohnstedt
[34] Französische Zwangsarbeiter

Tagebuch von Elisabeth Rautenberg

Ausgang von 6–20 Uhr verlängert. Zuwiderhandlungen ziehen Strafe für die ganze Gemeinde nach sich. Ausweis für Personen über 14 Jahren. Lustbarkeiten, Presse, Telefon usw. aufgehoben. Gottesdienste bleiben bestehen, Schulen werden bis auf weiteres geschlossen.

Mittwoch, den 18. April: Übergriffe werden bekannt: Wolpers »Schweizer«, ein Pole, fordert sich mit vorgehaltenem Revolver sein Essen, Herr Kaufmann beobachtet, wie der »schwarze Polizist« dem kleinen Heinz Lange sein Fahrrad abnimmt, ihn selbst ereilt das gleiche Schicksal, er bekommt sein Fahrrad aber zurück, weil es zu schlecht war, dafür nimmt der »Polizist« aber die Armbanduhr von Otto, die er trug.

Für Donnerstag, den 19. April, wird eine neue Hausdurchsuchung nach Waffen angekündigt, die aber nicht stattfindet. Die beiden Schinken hatten Grete und ich beim Sprickelholzhacken[35] im Weinkorb auf dem Hof, wir waren nach den gemachten Erfahrungen vorsichtig geworden. Vater hatte nach Aufforderung schon am Montag folgende Sachen abgeliefert: Revolver, Tesching[36], Fernglas, Fotoapparat. Karl Beismann fährt alle Wehrmachtsangehörigen nach Northeim, wo sie sich stellen müssen; wir haben hier keine Besatzung. Karl, der ganz fest hoffte, hierbleiben zu dürfen und daher auch gar nichts mitnahm, wurde mit seinen Kameraden, Günter Piper (Elsbeth Langes Mann) und Ilse Frickes Freund behalten. Die Verwundeten Grösche, Heini Knoke und der »Große« Lüdeke, weil er 45 Jahre alt war, wurden zurückgeschickt. Der arme Karl kam angeblich nach Aa-

---
[35] Kleinholz machen.
[36] Kleine Handfeuerwaffe

chen. Sein Los? Aufräumen, aufräumen. Und Ihr, meine lieben Jungen? Ob Ihr fühlt, wie wir mit unserer Liebe und unseren sorgenden Gedanken bei Euch sind und bei unserer lieben Elisabeth[37]. Kämpft Ihr noch? Irrt Ihr umher, wie die vielen gehetzten Menschen, seid Ihr gefangen oder gar verwundet oder ..... Wann werden wir aus dieser Not und Ungewissheit erlöst werden? Gott möge Euch Drei in seinen gnädigen Schutz nehmen und uns wieder zusammenführen, wenn es sein Wille ist.[38] –

Am Freitagmorgen pflanzten wir unsere Kartoffeln im Krähenwinkel, Liesbeth[39] und Frau Boshusen halfen, Herr Haus[40] fuhr sie uns hin und pflügte sie uns zu. Land in tollem Zustand, fünfzehn Körbe Quecken[41] abgelesen. Nachmittags hakten[42] Liesbeth und Grete unsere Gerste. Abends wird der »schwarze Polizist« von einer amerikanischen Streife als französischer Deserteur entlarvt, der seine Armbinde zu Unrecht trägt. Die Uhr von Herrn Kaufmann hatte er noch bei sich. Er wird nach Einbeck abtransportiert, alle atmen auf. Die meisten Polen arbeiten leider nicht.

In den nächsten Tagen ereignet sich nichts Besonderes. Bäcker Blanke bekommt Strom von Hollenstedt, Vater hört die Nachrichten: Überall Rückzug, die Russen sind

---

[37] Die Tochter Elisabeth war zum Reichsarbeitsdienst verpflichtet worden. Junge Frauen zwischen 18 und 24 Jahren wurden im RAD seit Kriegsbeginn als Ersatz für fehlende männliche Arbeitskräfte eingesetzt.
[38] An diesem Tag fiel Erhard Rautenberg in Walle bei Verden im Kampf mit englischen Truppen, was die Familie erst am 8. Juli erfuhr.
[39] Haushaltshilfe im Pfarrhaus
[40] Ein Nachbar
[41] Eine robuste Gräserart
[42] Entweder »harkten« oder mit einem Haken pflügen.

Tagebuch von Elisabeth Rautenberg

zum Generalangriff angetreten, bei Uelzen/Lüneburg wird gekämpft. Wo mag unser lieber Erhard stecken? Die Armee im Rhein-Ruhrgebiet hat den Kampf eingestellt, ob Du dabei warst, lieber Wilfried?

Am Dienstag, 24. April, fahren Grete und Liesbeth nach Northeim, um Rohrzucker »einzukaufen«. Viele Leute haben ihn zentnerweise von der Zuckerrohrfabrik geholt, aber es geht nicht mehr. Wir bekommen dann einen halben Zentner von einem Eisenbahner ab, der sich gut versorgt hatte. – Es wird richtig an der Bahn gearbeitet, der Ami will in drei Tagen die Bahn eingleisig in Ordnung haben. Mit allen möglichen modernen Gerätschaften arbeiten »die Feinde« selbst mit, um die Rhumebrücke und die Trümmerhaufen auf dem Bahnhof Northeim wieder instand zu setzen. Deutscher Wehrmachtsbericht: Hitler, Himmler, Göring zur Verteidigung in Berlin eingetroffen.

Am Mittwoch, 25. April, wird Alfred Beismann, der sich vom Harz in Zivil eingefunden hatte, von Polen verraten. Grete sieht ihn kurz vor 8 ½ Uhr (jetzt Polizeistunde) bei Ahlborns unter Bewachung von zwei Amis stehen; am nächsten Morgen erscheint er wieder, man ließ ihn laufen.

Donnerstag, den 26. April, fährt nach drei Wochen die erste Lokomotive vorbei, nachmittags sogar ein Zug von drei Wagen. Wann wird man wieder reisen können? Der erste Gedanke wandert zu Elisabeth, wird sie mit der Bahn fahren können, oder muss sie den ganzen Weg zu Fuß zurücklegen? Vater ist nach Imbshausen aufgebrochen, wird aber auf dem Weg nach Holtensen von einer Streife zurückgeschickt. In Langenholtensen wird noch SS vermutet, wie wir nachher hören.

Tagebuch von Elisabeth Rautenberg

Freitag, 27. April, fährt Vater nach Northeim, um sich einen Passierschein zu besorgen, er bekommt ihn auch für den ganzen Kreis. In Northeim ist Querfurt, ein SPD-Mann, Landrat (Schulenburg[43] spurlos verschwunden), Thiele (Inhaber von Döring) ist Bürgermeister, er wurde von den Amis aus dem KZ befreit, in das er wegen einer Bemerkung über Hitler eingeliefert worden war. Ernst Girmann[44] – sein Vorgänger – war vor einigen Wochen in den »Ruhestand« versetzt worden wegen allzu häufigem Besäufnis, er ist mit der Wehrmacht abgezogen. Ebenso wie der Volkssturm-General Ohlmer, der plötzlich seine vaterländischen Gefühle entdeckte, nachdem er sich den ganzen Krieg hindurch im Land herumgedrückt hatte. Die Kreisleitung ging einige Tage vor dem Abzug der Amis in Flammen auf. Mittags kommt Fritz Reineke und erzählt von Salzhemmendorf, wo es nach dem Einmarsch der Amerikaner schlimmer als hier zuging. In Voldagsen wurden hundert Schafe und einigen das gesamte Federvieh abgeschlachtet. Mittags holt Frau Boshusen aus Hollenstedt für jede Person ein Pfund Käse auf Sonderabschnitt. Dieser stammt noch vom deutschen Heeresgut, was zurückgelassen wurde. – Morgens hatten sich die Bewohner unseres Esszimmers auf die Reise nach Hannoversch Münden gemacht, sie wollen versuchen, eine Fahrgelegenheit zu finden.

Sonnabend, 28. April, ist es kalt und regnerisch, ich denke an meine Mausi[45]! Ist sie wohl auf der Wanderschaft

---

[43] Otto von Schulenburg, seit 1932 Landrat, seit 1933 Mitglied der NSDAP.
[44] Bürgermeister seit 1934 und NSDAP-Ortsgruppenleiter.
[45] Tochter Elisabeth

Tagebuch von Elisabeth Rautenberg

und muss frierend in fremden Häusern um Herberge bitten? Morgens flammt mit einem Mal das Licht etwas auf, verschwindet aber wieder. Heute sind es drei Wochen, dass wir abends bei Vaters Karbidlampe oder einer Petroleumlampe sitzen.

Sonntags ist es weiter sehr kalt und regnerisch. Vater predigt über das Gebet, die Kirche ist sehr gut besucht. Nachmittags werden Lebensmittelmarken ausgegeben. Es bleiben die alten Sätze der 74. Periode bestehen, soweit sie zu beliefern sind. Raucherkarten gibt es nicht. Warum hat man die Riesenvorräte, die in der Ruhmemühle lagerten, nicht auf die Geschäfte verteilt? Packen von Zigaretten und Berge von Zigarrenkisten sind unter die Menschenmenge geworfen und zum großen Teil zertreten worden. Du armes, liebes Vaterland, was wurde aus Dir in dieser kurzen Zeit? – Grete isst vor, um noch etwas ins Dorf zu kommen. Interessant ist es, wie um ½9 Uhr alles rennt und läuft, um nach Haus zu kommen. Sehr häufig fährt eine Streife durchs Dorf. Wir sitzen vorn im Zimmer und unsere Gedanken wandern zu unseren lieben Kindern in der Ferne. Wann dürfen wir wieder beieinander sein? Groß ist die Sehnsucht nach Euch, auf uns allen lastet dies Heimweh. Gott schenke uns ein Wiedersehen. Wie gut, dass wir Hillemaus[46] hier haben, sie verfolgt mit größtem Interesse alle Ereignisse. Es ist erstaunlich, wie sie an allem Anteil nimmt.

Montagmorgen nehmen wir uns unser Esszimmer vor, in dem die Bewohner tolle Spuren hinterlassen haben. Wir haben wieder Licht. Vater stellt das Radio wieder

---

[46] Tochter Hildegard

Tagebuch von Elisabeth Rautenberg

auf, als er aus dem Konfirmandenunterricht kommt, der wieder gegeben werden darf. Nach drei Wochen wieder Verbindung mit der Welt, aber was für Nachrichten? Von den deutschen Sendern sind Hamburg und Prag noch zu hören. Nach ausländischen Sendern rechnet man mit einem Ende des Krieges in den nächsten Tagen. Mussolini wurde von Landsleuten getötet, Hitler soll auch tot sein, Göring geflohen. Neustrelitz gefallen. Wo mag unser Kind sein? Auguste hörte von Fräulein Schachtebeck, dass Gerti Redeker mit einer Kameradin von Dannenberg in elf Tagen angekommen sei. Wir warten nun stündlich auf unsere Mausi, auch Erhard müsste schon hier sein. Immer wieder hören wir von durchkommenden Soldaten aus der Nähe Hamburgs. Ob Du nicht nach Hause geschickt wurdest mit Deinen siebzehn Jahren? Willi Keese wird in den nächsten Tagen wieder zu Wolpers kommen, er war acht Tage Soldat, einen Tag in Gefangenschaft und wurde dann nach Haus geschickt. Wilfried dürfen wir nicht erwarten, das wissen wir.

Dienstag, 1. Mai, wird als Feiertag der Welt proklamiert, wir spülen unsere Einmachgläser, aber wie immer kommt uns was dazwischen. Gegen Mittag kommt Fräulein Hennies, die zwei Flakhelferinnen – von Leipzig kommend – auf den Weg brachte. Dann gingen Vater und ich zu Reuters, um unsere Wünsche zur Silberhochzeit zu sagen. Ihre Gedanken waren bei Friedel, der in Russland ruht und August, der dort verschollen ist. Kurz nach Mittag kam ein Fremder, der angeblich Vater Grüße von Pastor Janssen, Dransfeld, brachte, mit dem er im KZ Buchenwald gewesen sein wollte. Uns klang das alles sehr märchenhaft, ob es Wahrheit war? Heute fährt der

Tagebuch von Elisabeth Rautenberg

erste Personenzug mit russischen Zivilgefangenen und der erste Güterzug. Helle Aufregung herrschte im Dorf: In der letzten Nacht sind bei Knokes, Emma Hünneke, Diedrichs auf dem Mühlenanger und Bodenhagens die eingegrabenen Vorräte gestohlen worden. Mit einer Eisenstange war überall gestochert worden, wo die Diebe etwas vermuteten. Knokes Büchsen wurden in einem Sack in Mörckes Roggen wiedergefunden, auch etwas von dem Silber. Als Täter werden die Polen beschuldigt. Eben machten Vater und ich noch einen Gang durch die Wiesen, unsere Gedanken und unsere Gespräche drehten sich wieder um Euch liebe Kinder in der Ferne. Gott behüte Euch! Eben kommt durch den Rundfunk, dass Waren[47] gefallen ist.

Mittwoch, 2. Mai, verkündet der Sender Hamburg, dass Hitler in der Reichskanzlei gefallen sei am 1. Mai.[48] Ist das die Wahrheit? Was sollen wir noch glauben? Dönitz hält einen Aufruf als Nachfolger Hitlers, zu dem ihn dieser am Tag vorher bestimmt habe. Warum ihn und nicht Göring, Himmler oder Goebbels? Dönitz fordert auf zum Weiterkämpfen, vor allen Dingen gegen den Bolschewismus. Graf Schwerin Krosigk wird Außenminister. Wo blieb Ribbentrop? – Vater war den ganzen Tag fort. Er besuchte die Pfarrhäuser in Langenholtensen, Elvershausen und Hammenstedt und begrüßte auch Hufelands. Grete und ich steckten den Komposthaufen um. Mittags fährt

---

[47] Ort an der Müritz
[48] Hitler erschoss sich am 30. April. Version des Oberkommandos der Wehrmacht (OKW): »An der Spitze der heldenmütigen Verteidigung der Reichshauptstadt ist der Führer gefallen.«

Tagebuch von Elisabeth Rautenberg

wieder ein Zug mit Zivilrussen[49]. Die letzte Nacht hat es sehr gefroren, Kartoffeln, Erdbeerblüten usw. haben einen Knacks bekommen, tagsüber ist es wieder sehr kalt und regnerisch.

Am Donnerstag, dem 3. Mai, kündet unser letzter deutscher Sender für 1 Uhr eine wichtige Sendung an. Hamburg wird zur offenen Stadt[50] erklärt. Mit verhaltener Stimme gibt der Ansager die Anordnungen des britischen Generals bekannt, dessen Truppen in dem Augenblick in die Stadt einziehen. Dann verabschiedet er sich von den Hörern mit den Worten: »Es lebe Hamburg! Es lebe Deutschland!« Anschließend erklingt noch einmal unsere Nationalhymne, Gott sei Dank ohne das Anhängsel seit 1933.[51] Der letzte deutsche Sender schweigt. Nun ist nur Prag noch da. Berlin ist erobert, aber es wird immer noch weiter gekämpft. Verbrechen oder Wahnsinn! Angeblich soll Hans Fritzsche[52] in russischer Gefangenschaft die Aussage gemacht haben, dass Hitler und Goebbels Selbstmord begangen hätten. Was ist Wahrheit? Himmler hat am 27. April, als er den Westmächten den Frieden anbot, erklärt, dass Hitler Gehirnbluten hätte und höchstens noch 48 Stunden leben würde. Nach Dönitz starb er den »Heldentod«. – Wie schmerzlich ist es, dass in diesem Augenblick, wo unser liebes Vaterland seine Freiheit verliert, die Lüge wieder umgeht. – Meine Gedanken suchen Euch, ihr lieben Kinder, Gott möge Euch

---

[49] Russische Zwangsarbeiter
[50] Am 3. Mai wird Hamburg kampflos den Briten übergeben.
[51] Das Lied »Die Fahne hoch«
[52] Journalist, bekannt durch seine wöchentliche Sendung »Hier spricht Hans Fritzsche«.

Tagebuch von Elisabeth Rautenberg

Kraft geben in dieser Zeit des Zusammenbruchs. Die ganze Italienarmee – fast eine Million – hat bedingungslos die Waffen gestreckt, wann wird endlich das unnötige Blutvergießen ein Ende haben? Gott allein weiß es, was uns heilsam ist. Der Tag brachte Übergriffe der Fremden. Am 1. Mai hatten sich die Amerikaner bereits zehn Radioapparate aus dem Dorf geholt. Wo sie eine Antenne sahen, gingen sie hinein und nahmen das Gerät mit. Heute haben Ausländer »für ein amerikanisches Lazarett« Eier gesammelt. – Es war wieder sehr kalt und unfreundlich. Wir pflanzten Mais.

Sonntag, 6. Mai. Die letzten beiden Tage brachten nichts Besonderes. Die Bahnstrecke ist immer noch ziemlich tot, einige Züge mit russischen Kriegsgefangenen fuhren, aus den Wagen flatterten die roten Fahnen. Von den Fronten kommen die schmerzlichen Nachrichten, dass unsere Soldaten bedingungslos kapitulieren. Nach Italien kam Nordwestdeutschland, Holland und Dänemark, heute kam die Meldung von Süddeutschland. Ihr armen lieben Soldaten, die Ihr Euch so tapfer geschlagen habt und die vielen Entbehrungen auf Euch nahmt! Wo bleibt der Führer, der sich anmaßte, für alles die Verantwortung zu tragen? In der schwersten Not verlässt er sein »geliebtes« Volk und lässt es den Canossa-Weg allein gehen. Gott stehe Euch lieben Jungen in dieser schweren Stunde bei, wenn Euch Gott noch das Leben ließ. Eben machten Vater und ich noch einen kurzen Spaziergang nach Vogelbeck. Wie schön war der Abend nach dem starken Regen, endlich etwas wärmer. Blühende Bäume an der Straße, leuchtende Wiesen und Berge zur Seite. Ein Bild tiefsten Friedens, wenn nicht

Tagebuch von Elisabeth Rautenberg

die Wagen der Amerikaner vorbeigefahren wären und uns die fahrenden und wandernden Brüder und Schwestern von der Landstraße nicht begegneten. Wann wirst Du kommen, liebe Elisabeth, wie sehnlich erwarten wir Dich. Unsere Gedanken waren wieder bei Euch lieben Kindern in der Ferne. Wie weh tut das Heimweh nach Euch, wann dürfen wir uns wiedersehen? – Heute hatten wir wieder junge Mädchen, wir wählten die Zeit von zwei bis vier Uhr. Gegen Abend erschütterten wieder gewaltige Detonationen das Haus. Was mag es sein? – Der Rundfunk bringt die Meldung, dass den Polen freigestellt wird hier zu bleiben, weil in San Francisco über die Polenfrage keine Einigung erzielt ist.[53] Dürfen wir wohl die Hoffnung haben, dass die Großmächte sich entzweien und wir auf diese Weise von dem Zorn der Russen befreit werden? Niemöller soll frei sein! Herr Kaufmann bekam seine Uhr wieder, der Bürgermeister oder Landrat (?) von Einbeck musste sie ihm mit einem Ausdruck des Bedauerns überreichen.

Mittwoch, 8. Mai, 9 Uhr abends, eben meldet Beromünster[54]: Waffenruhe über Europa, auch die Schweiz dankt Gott, im ganzen Land läuten die Glocken, wir hören sie vom Berner Münster. Und wir? Tiefe Trauer empfinden wir, nun ist das furchtbare Ende mit Schrecken da, der Turm von Babylon, den das Dritte Reich aufbaute, brach jäh und furchtbar zusammen. Was wird aus uns

---

[53] Nach dem Einmarsch der deutschen Truppen von Westen und der sowjetischen von Osten her gab es seit 1939 faktisch kein polnisches Staatsgebiet mehr. Die Konferenz von San Francisco, die vom April bis Juni 1944 stattfand und zur Gründung der Vereinten Nationen führte, hatte unter anderem auch die »Polenfrage« zu klären.

[54] Schweizer Landessender

und unseren Kindern in unserem armen verwüsteten und geknechteten Vaterlande? Die Schuld, die die Führung und damit das deutsche Volk auf sich lud durch all die unsagbaren Grausamkeiten in den Konzentrationslagern hat eine schnelle Sühne gefunden. Irret Euch nicht, Gott lässt sich nicht spotten! – Gestern unterzeichnete Generaloberst Jodel die bedingungslose Kapitulation in Reims. Diese Nacht um 0.05 Uhr wird Generalfeldmarschall Keitel dasselbe in Berlin tun müssen. Wie schmachvoll! Meine armen Kinder! Besonders Du, lieber Wilfried, wirst unendlich unter dieser Schmach leiden, wenn Gott Dir Dein Leben noch ließ. – Die Kommandantur wurde von Eboldshausen nach Edesheim verlegt, verschiedene Häuser mussten in kurzer Zeit geräumt werden. Major v. Stralenheim, Imbshausen, wurde gestern verhaftet, Inspektor, Buchhalter und Verwalter wurden festgesetzt. Wir bekamen Einquartierung von zwei »Schaffnerinnen« aus Berlin, die bei Kassel zu Hause waren. Müde und erschöpft kamen sie mit ihren dicken, selbst genähten Rucksäcken an.

Montag, den 14. Mai. Die vergangenen Tage waren sehr abwechslungsreich. Himmelfahrt gedachten wir der Toten des Krieges und insbesondere an Karl Muhs und Erich Jahns. Weißer Flieder und brennende Kerzen zierten den Taufstein. Die beiden schlichten Kränze – zum ersten Mal ohne die roten Schleifen – lagen auf dem Altar, davor standen Palmen und Syringen[55]. Über zweihundert Menschen waren im Gottesdienst, ergreifende Feier. Mittags kam ein 16-jähriger Luftwaffenhelfer (Pastorensohn),

---

[55] Flieder

Tagebuch von Elisabeth Rautenberg

der von den Amis bei Cuxhaven gefangen genommen worden war und nun von Hersfeld nach Hamburg laufen musste. Er blieb bei uns und ruhte sich einen Tag aus. Schlimmer als ein Landstreicher kam er daher! Ihr lieben, lieben Jungen, wo seid Ihr? Wandert Ihr auch über die Straßen Eures Vaterlandes wie die Vagabunden, während die Amis in den schnittigen Wagen an Euch vorbeisausen? Täglich bringt der Rundfunk Nachrichten von Verhaftungen: Göring mit Familie, Funk, Frank, Sepp Dietrich. Dann wird die wahnwitzige Kunde verbreitet, dass Kapitänleutnant Prien[56] und Oberst Mölders[57] angeblich im KZ aufgefunden und also nicht tot sind. Man wird irre an jeder Meldung. Freitag früh wandert der kleine Erich Martensen wieder los. Ich finde vor unserer Garage einen Korb mit Eierresten, eine große Tüte ausgeschnittener Graupen, Speck, Butter. Es stellt sich heraus, dass die Sachen Schlachter Wieldts gestohlen wurden; Haus[58] büßten in derselben Nacht zwei Fahrräder ein, die durch unseren Garten gebracht wurden. Ich war zum ersten Mal wieder in Northeim und kam ganz erschüttert von all den vielen Eindrücken zurück. Überall die wandernde Jugend Deutschlands, an ihnen vorbei rasen die Amis, Northeim lebt von ihnen. Mächtige Kolonnen, Riesenpanzer usw. rattern durch die Stadt von Osten kommend. Alle Läden bis auf Schlachter, Bäcker und Kolonialwaren sind geschlossen. Heiß brannte die Sonne vom Himmel, unter der sich die armen Wandernden hinschleppten. Wie das Paradies selbst mutete mich unser Haus und Garten an.

---

[56] U-Boot-Kommandant
[57] Jagdflieger
[58] Familie Haus, Nachbarn

Tagebuch von Elisabeth Rautenberg

Die Verdunkelung wurde aufgehoben. Am Sonnabend stellten sich mittags zwei Pfälzer zum Mittagessen ein, die sich so wohl fühlten, dass sie mit noch zwei Kameraden bis vier Uhr zum Kaffee blieben und ausgiebig Mittagsruhe hielten. War das eine Freude, sie bewirten zu können. Der eine war Arzt, der andere Viehhändler, der dritte Weinbauer, der vierte Zimmermann. Cognac und Zigaretten wurden Vater angeboten, ich bekam ein Fläschchen Essigessenz. Wein wollten sie uns besorgen, wenn es geht. Das werden wir gewiss nie erleben. Abends kommen neue Gäste. Zwei Damen mit ganz bepackten Rädern, die sie schon von der Lausitz herschieben. Ihr Weg geht nach Salzuflen. Vollständig erschöpft kommen sie an, die Hitze war fast unerträglich. Das gerade fertigte Bad tut ihnen gut. Sie bitten, den Sonntag über hier bleiben zu dürfen. Sie ruhen sich tüchtig aus und wandern heute morgen weiter. Grete und ich stehen schon um fünf Uhr auf und hacken Sprickelholz, es kühlte sich etwas ab. Die Besetzungszonen werden bekannt gegeben, zu uns sollen Engländer kommen. Nachmittags gehen Mutter und ich zu Frau Kaufmanns Geburtstag. Wir treffen Frau Möker und Gisela, die uns erzählen, dass von Trautchen Bolle immer noch keine Spur da ist. Der Vater hat sie ohne Erfolg bei Lehrte, wo sie ja in Stellung war, gesucht. Kann eine gewissenhafte Führung das namenlose Elend verantworten? Von einem Ackerwagen klettern ungefähr 15 Jungen mit ihrem Lehrer, vollkommen erschöpft. Sie kommen aus Bayern und müssen nach Hamburg (Kinderlandverschickung). Die endlose Kette der müden Soldaten und Mädchen schleicht die Straße entlang. Das Herz will mir zerreißen. Ihr lieben Soldaten, das habt ihr

Tagebuch von Elisabeth Rautenberg

nicht verdient, so weit durfte es nicht kommen. Ich sehe Euch lieben Kinder unter ihnen. Wann dürfen wir Euch wiederhaben? Viele Mädel aus Mecklenburg kommen. Wann wird unsere Elisabeth bei uns sein? Alle schildern die Schwierigkeiten, über die Elbe zu kommen. Ob es Dir gelang? Die Sorge lässt uns nicht zur Ruhe kommen. August Sellen-Wolper, Kirchenvorstand Lange, Karl Hagerodt kamen inzwischen an. Heute Abend haben wir wieder einen Gast, eine Nachrichtenhelferin, die nach Kassel will. Ein warmes Abendbrot tut ihr gut.

Donnerstag, den 17. Mai. In den letzten Tagen gab es eine Fülle von Arbeit. Das Wellholz hackten wir, dann gingen wir gemeinsam zum Spalten unseres Holzes, das z. T. Riesenumfang hatte. Herr Lüdeke »hinterm Kruge« half dabei. Sonst war niemand zu kriegen, weil die Polen immer noch nicht wieder arbeiten. Am Dienstag kam Verlagsbuchhändler Rupprecht aus Göttingen. Er war auf dem Weg nach Hause von Burg bei Magdeburg, wo er als Major stand: Ausgeplündert muss ein deutscher Major in Zivil seinen Weg nach Haus suchen. Am Mittwochabend spät kam noch die Flakhelferin Annemarie Thonack aus Göttingen mit ganz wunden Füßen. Ich konnte ihr dazu verhelfen, dass sie heute mit dem Krankenauto nach Göttingen fuhr, denn Herr Dolle musste dort wieder in die Klinik. Es stellte sich heraus, dass ihre Mutter eine Schwester von Bernhard Mahlmann war. Auch sie berichtete von dem schwierigen Übergang über die Elbe. Unsere Sorge um Elisabeth wird von Tag zu Tag größer, heute ging wieder hin, ohne sie uns nach Haus zu bringen. Vorgestern war bei Lehrer Ahrens (der heute zurückkam) ein Soldat aus Rechlin, der angegeben hatte, dass alle Mädel früh genug fortgekommen wären. Aber wo bleibt sie? – In den letzten Nächten wurde wieder aus der Zuckerfabrik Rohrzucker in Massen geholt, für uns brachte Liesbeth mit. Schlachter Wieldts erhielten heute die aufregende Nachricht, dass Helmut angeblich mit einem amerikanischen Auto durch Göttingen gefahren sei und seinen Eltern Grüße bestellen ließ. Ob das auf Wahrheit beruht?

Donnerstag, den 24. Mai: Acht Tage sind vergangen, seit ich zuletzt schrieb, und unsere liebe Elisabeth ist immer noch nicht da. Wir hatten so fest gehofft, dass sie Pfingsten bestimmt hier sein würde. Nun müssen wir weiter warten, warten. Wann dürfen wir Dich hier haben, mein Kind? Am Sonnabend kam Pastor Scherre, Major v. Stralenheim wurde zum zweiten Mal verhaftet. Vater verwandte sich für ihn, und Grete musste nachmittags nach Northeim zum Kommandanten. Abends kam ein Hauptmann zum Übernachten, der am ersten Pfingsttag in aller Frühe weiterfuhr. Es wehte an beiden Tagen ein kalter Wind. Am zweiten Pfingsttag kamen Ruth Ahlert und Helmut Zietz von Göttingen; sie blieben zum Essen und fuhren dann nach Edesheim. Abends wanderten wir nach Vogelbeck raus und schauten sehnsüchtig nach unseren Kindern aus. Wie mögt Ihr die Tage begangen haben, wir waren bei Euch. – Dienstags wollten wir nach Schnedinghausen fahren, es kam aber soviel Besuch, dass wir erst nach Mittag fort kamen (Pastor Reese mit Frau, der nach Moringen kommt, Fräulein Schmidt v. d. Heyden, Frau Pastor Evertz, Frau Niemeyer hier, die ihre Kinder wieder in die Kirche haben möchte – Frau Lehrer Ahrens war vorige Woche schon aus demselben Grund hier

Tagebuch von Elisabeth Rautenberg

– dann kam noch Pastor Seippel.) Wir waren erst bei Bolles und erfuhren, dass Trautchen von Lehrte noch nach Mecklenburg kam und auch noch nicht zurück ist. Die Rautenbergs in Schnedinghausen waren wohlauf. Als wir nach Hause kamen, erfuhren wir, dass am Mittwochmorgen die Polen fortkämen. Sie kamen nach Moringen ins Lager, waren aber heute zum Teil wieder da. Gestern und heute hatten wir starken Regen. Für heute nahmen wir uns viel vor, aber ich kam wenig zum Helfen. Ich machte erst den Ofen im Wohnzimmer sauber, dann gab ich Konfirmandenstunde, weil Vater gestern in Vogelbeck krank wurde und nicht unterrichten konnte. Dann kam Helmut Zietz, um Kartoffeln zu holen. Nachmittags kamen die Öfen in Vaters und meinem Zimmer noch dran. Ich war eben damit fertig, als Schwester Maria aus Hameln mit Martha Faber und Lehrer Garbe erschien. Sie kamen von Göttingen. In Salzderhelden mussten vierzig Häuser geräumt werden. Nachts hatten wir eine junge Frau zum Übernachten, die aus Spremberg kam. Eben bringt der Rundfunk die Meldung, dass Himmler gefangen genommen wurde und durch Selbstmord (Gift) endete. Unsere gesamte Führung unter Dönitz wurde gefangen genommen. Armes liebes Vaterland. Heute wurden in Edesheim der frühere Kreisbauernführer Körber, der Ortsgruppenleiter und Pflugmacher festgenommen.

Sonntag, den 27. Mai: Wir wissen jetzt, dass unser lieber Wilfried lebt. Am Freitag brachte uns Frau Bodenhagen aus Vogelbeck die Nachricht, dass ihr Mann Wilfried am zweiten Pfingsttag [dem 21. Mai] bei Würzburg traf und heute kam ein Kamerad Breitmann, der die letzten Tage des Krieges mit ihm zusammen war. Wahrscheinlich fasste ihn noch eine Streife und hält ihn fest. – Der Freitag war ein sehr bewegender Tag. Gegen Abend kam [Familie] Pastor Reese, die schon in Moringen in die Wohnung des früheren Bürgermeisters eingezogen war. Dann kamen Herr Harnack und noch zwei Feldwebel: die ersten deutschen Soldaten in Uniform, die ordnungsgemäß entlassen worden waren. Der eine Syndikus bei der Ufa aus der Nähe von Lüneburg, der andere aktiv aus Schleswig; er nahm einen Brief für E. Zietz nach Barmstedt mit. Heute kam Friedrich Beismann aus der Nähe von Erlangen. Die Amis brachten ihn bis vor den Hof. Mit kahl geschorenem Kopf schickt man die Soldaten (auch Offiziere) in die Heimat. Ihr armen lieben Jungen, das habt Ihr nicht verdient. Erhard vermuten wir noch bei den Engländern, aber Elisabeth ist immer noch nicht da. Wir finden keine Ruhe, wo mag das Kind stecken? Möchte sie doch bald heimkehren.

Sonntag, 3. Juni. Wieder verging eine Woche und kein Kind kehrte zu uns zurück. Am letzten Montag kam der Kamerad hier vor, mit dem Wilfried in Kriegsgefangenschaft geriet. Er wurde schon entlassen, mit den Offizieren könnte es aber noch einige Tage dauern. Wir warten täglich, aber immer vergebens. In der Nacht vom Montag auf Dienstag beherbergten wir einen Pastoren, der aus Österreich kam und nun nach Westfalen wollte, weil er in seine Heimat Schlesien nicht zurück kann. – Grete und ich hackten bei glühender Hitze unsere Kartoffeln, die ganz verqueckt[59] waren. Nachmittags half Liesbeth noch. Vom Mittwoch bis Donnerstag war ein Dr. Behrend un-

---

[59] Voller Quecken, ein hartnäckiges Süßgras

Tagebuch von Elisabeth Rautenberg

ser Gast, der aus Brücks von den synthetischen Treibstoffwerken kam und nach Göttingen wollte. Donnerstagnachmittag erschien Pastor Mensching in Zivil mit dem Rade. Von Schleswig-Holstein schlug er sich nach Westen zu seiner Frau durch und wollte nun zurück nach Göttingen. Von Frau Beismann hörten wir, dass eine Göttingerin, die mit Fräulein Weißenfels befreundet ist, auch noch nicht aus Rechlin zurück ist. Letzte Nacht kehrte Pastor Heinze aus Hollern (Stade) bei uns ein. Immer wieder macht der Anblick dieser heimkehrenden Soldaten das Herz traurig, wie die Handwerksburschen müssen sie sich nach Hause durchschlagen. Im Dorf kehrten in der letzten Woche Henry Diedrichs, Karl Heinz Blumhagen, Rudolf Wieldt, Alfred Kierleis und Ernst Kippenberg zurück. Heute Nachmittag machten wir mit Oma eine Fahrt durchs Feld, über Edesheim, Eboldshäuser Weg, Lindau, Krähenwinkel, Vogelbeck ging der Weg bei herrlichstem Sonnenschein. Das Pferd lieferten Hagerodts, den Wagen Beismanns, Liesbeth und Grete waren die Fuhrleute. Wie herrlich ist die Schöpfung Gottes, wie tief der Friede in der Feldmark! Aber in die raue Gegenwart rief uns die Landstraße zurück. Rasende Autos mit Amis und Tommys und daneben unsere lieben, müden, nach Hause strebenden Soldaten, teils mit Rädern – schwer beladen –, meistens zu Fuß, das Gepäck schleppend. Einige ziehen auch kleine Wagen hinter sich her, der ihre Habe birgt. – Solch ein Zusammenbruch, solch eine Auflösung gab es wohl noch nie. Dankbar muss man sein, dass dies Unglück in dieser warmen Jahreszeit kommt, wie viele Menschen würden sonst umkommen. In den Gefangenenlagern gibt es kein Dach, Tag und Nacht unter freiem

Himmel. Ihr lieben Jungen, was mögt Ihr für Gedanken haben? Und Du, meine Elisabeth? Heute kam Frau Bolle mit ihrer ältesten Tochter, um uns zu sagen, dass der Vater nach Mecklenburg will, um die Tochter zu suchen. Ja, wo soll man suchen? Wir müssen schweren Herzens warten, warten.

Mittwoch, 13. Juni. Zehn Tage des Wartens liegen wieder hinter uns. Viele kehrten zurück: Wilhelm Lange, Wilhelm Kassau, Karl Kappei, Ewald Lüdeke, Gerhard Steinhoff und August Börries. Wir blieben immer noch allein. Wann dürfen wir Euch wiedersehen? Wo steckt Wilfried, der vor 14 Tagen schon angekündigt wurde, wo hält sich Elisabeth auf? Und Erhard? Die in dieser Woche Zurückgekehrten kamen alle aus englischer Gefangenschaft. Ob Du dort auch bist, mein Junge? Wie hungrig mögt Ihr alle sein! – Am Montag vor acht Tagen wurde Eduard Wieldt Bürgermeister. Wir hatten zwei Landser[60], die aus Ungarn kamen, zum Schlafen bei uns. Mit welchem Behagen verzehrten sie ihre Bratkartoffeln mit Spiegeleiern und grünem Salat. Am Dienstag brachten wir die letzte Holzbank unter Dach, und nachmittags sollte fleißig gehackt werden. Da kamen Fräulein Hennies und Frau Götsche, die von einer Radtour nach Ilsede zurückkamen. Erschütternd war ihr Bericht von dem verwüsteten Hildesheim. Kurz vor 5 Uhr, als wir gerade recht anfangen wollten, hackte sich Grete mit der großen Axt in den Fuß. Bei der Schwere der Wunde mussten wir doch noch dankbar sein, dass kein Knochen und keine Sehne verletzt wurden. Ich traf Dr. Hetterich auf dem Wegkrug, und er konnte die

---

[60] Soldaten der Landstreitkräfte

Tagebuch von Elisabeth Rautenberg

Wunde gleich klammern. Zu unserer Beruhigung heilt sie gut, aber Bettruhe ist nötig, vorn in meinem Zimmer ist die Krankenstube. Von Donnerstag zum Freitag übernachteten Pastor Scheer und Sohn aus Lerbach bei uns. Morgens war die Gräfin Hardenberg hier. Herr von Stralenheim ist in Osterode. Im Schloss wurde viel kostbares Porzellan zertrümmert. Der eine Flügel wird für achtzig 16–17-jährige Polen eingerichtet. Wo sind die Eltern der armen Kinder? Abends ging ein wolkenbruchartiger Regen nieder. – Der Verkehr auf der Bahnstrecke wird lebhafter. Auf den unmöglichsten Plätzen klammern sich die Landser fest. Die Landstraßen werden leerer. Vollgepfropfte Lastautos bringen die Landser aus den Lagern in die Heimat. Wann werdet Ihr dabei sein? – In Northeim ist jetzt englische Besatzung. Wir bekommen hier ins Dorf zwei Mann englische Wache. Am Sonnabend waren zwei ostpreußische Superintendenten hier zum Kaffee, von denen der eine vorübergehend in Bühle-Sudheim Dienst tun wird. In der Nacht wurde Wilhelm Wolper ein Schwein aus dem Stall geholt und geschlachtet. Am Sonntag übernimmt Kantor Sott den Organistendienst wieder. Nachmittags wandern Vater und ich über den Hohnstedter Berg zu unserem Feldstück. Wir sind wieder bei unseren Kindern und der Zukunft.

Die Kinder Elisabeth und Wilfried kehrten aus dem Krieg zurück, Erhard Rautenberg fiel im April 1945 an der englischen Front. Das jüngste Kind, Hildegard, war zu jung für einen Kriegseinsatz und bei den Eltern geblieben. Das Ehepaar Rautenberg arbeitete und wohnte in Hohnstedt bis zur Pensionierung von Wilhelm

Tagebuch von Elisabeth Rautenberg

Rautenberg. Elisabeth Rautenberg gab als Pfarrfrau Konfirmandenunterricht und Frauenabende und pflegte den Garten des Pfarrhauses.

Die folgenden Aufzeichnungen sind anonym und von der Besitzerin der Handschrift auch nicht mehr zuzuordnen. Im Verlauf des Textes wird »Frau Pastor Syring« erwähnt. Sie ist identisch mit Gisela Syring, Verfasserin des nächsten Dokuments.

Tagebuchaufzeichnungen über die Belagerung von Kolberg[61], März 1945

1. März. Es kommen tausend Flüchtlingszüge. In Köslin sitzen die Leute den ganzen Tag auf dem Markt auf dem Pflaster und warten auf ein Wehrmachtsauto, das sie mitnehmen soll. Im Westen schwerste Kämpfe. In zwei Tagen können die Russen hier sein, und dann?

2. März. Über Nacht Schneesturm. Vormittags hörte man überall, die Russen seien schon in Köslin. Auf dem Markt hier stand eine Unzahl Autos mit Regierung und Polizei aus Köslin, die aber auf Befehl des Gauleiters wieder zurück mussten. Brief von Eri, die endlich auf ihrem Treck Nachricht von uns bekam. Sie fleht immer wieder, wir sollten aus Pommern fortgehen. Wir schwanken sehr, ob wir nach Braunlage fahren sollen. Aber unter Umständen vierzehn Tage im Viehwagen ohne Ärzte bei dieser Kälte! Wir waren auf dem Bahnhof, wo einem kein Mensch sagen konnte, wann ein Zug geht. Die Leute stehen den ganzen Tag, um vielleicht abends fahren zu können. Frau von Schleinitz, die mittags eingestiegen war, kam am

---

[61] Heute Kołobrzeg, Polen

Belagerung von Kolberg

anderen Morgen völlig erstarrt und bat um eine Tasse Tee. In Köslin, 40 km von Kolberg, brennen Krankenhaus, Kadettenanstalt, Post. Im Wehrmachtbericht wurde Köslin genannt.

3. März. Heute Vormittag kam plötzlich mein Mann mit der Nachricht, dass wir morgen Mittag ½ 2 auf dem Bahnhof sein müssten, zwei Sitzplätze reserviert bekämen im Zug gen Westen. Er hatte bei Fritz eine Schaffnerin getroffen, die für 150 Mark alles für uns regeln wollte. Mir zitterten die Knie! Was ist nun das Richtige? Bleiben wir hier, dann sehen wir mit neunzigprozentiger Sicherheit nie wieder irgendeines unserer Kinder, die Wohnung wird zerstört bei einem Bombardement und unser Schicksal? Dagegen, wenn wir diese letzte Möglichkeit beim Wickel nehmen, so ist doch eine Möglichkeit des Wiedersehens. Wir werden es also wagen, selbst wenn die Schwierigkeiten sich zu Bergen türmen. Reiseerlaubnis haben wir, Fahrkarten besorgt sie. Gott möge geben, dass alles gut geht und wir sicher bis Braunlage kommen. Nun ist unser letzter Abend für immer in unserer sonst so gemütlichen, jetzt ungeheizten und dunklen Wohnung gekommen. Wir trinken die gute Flasche Rotspon, die Kurt sich immer für eine besondere Gelegenheit aufgespart hat und hoffen auf ein gutes Gelingen unserer Reise und auf ein Wiedersehen mit unsern Kindern. Gott möge es geben.

4. März. Vormittags standen plötzlich bitterlich weinend Wedels mit ihrer alten Mutter vor der Tür. Köslin brennt an allen Ecken, sie waren nachts bis Güdenhagen zu Fuß gelaufen, dann weiter mit Lkw. Wir behielten sie erst mal da, betteten die alte Frau von Wedel. Dann hieß es, Züge

Belagerung von Kolberg

gingen nicht mehr, Kolberg ist eingeschlossen. Flieger schwirrten durch die Luft, die ersten schweren Einschläge waren zu hören! Unsere Fahrt – ein ausgeträumter Traum! Alles sollte aus Kolberg raus, was gehen könne, um 7 Uhr sich am Bahnhof sammeln und zu Fuß nach Kamin! 100 km! Wir streikten, brachten unser Nötigstes, Liegestühle, Tischchen, Esssachen in den Keller. Wedels ließen alles stehen und liegen, und stürmten davon. (Die alte Dame starb auf der Flucht.[62]) Sie retteten nur das nackte Leben. Bald sah man dann auch Feuerschein von der Georgenkirche, schwere Einschläge, der Keller war voller Menschen, die aufgeregt durcheinander sprachen. Wir aßen unsere Brote, allmählich wurde es ruhiger, um 1 Uhr gingen wir nach oben, um etwas zu schlafen. Um 2 Uhr pochte unsere Hausmannsfrau an unser Fenster, es stünde ein großer Angriff bevor, alles solle nach der Maikuhle[63], um nach Deep[64] zu laufen. Wir wollten wieder nicht, mein Mann mit seinen zerschossenen dicken Beinen hätte es auch nie geschafft, so gingen wir also wieder in den Keller bis zum Morgen, wo mein Mann sich noch eine Stunde in sein Bett legte. Man sieht viel Panzer vorbeirollen, verwundete Soldaten, kurz, ein richtiges Kriegsbild! Gott möge uns schützen!

5. März. Den ganzen Tag rollten die Detonationen. Die Menschen rasten zur Bahn, kein Zug fuhr. Wir waren

---

[62] Diese Information zeigt, dass die Verfasserin das Tagebuch nachträglich noch einmal abgeschrieben und dabei den Satz – vielleicht auch noch andere – ergänzt hat. Dafür spricht auch das sehr klare Schriftbild.
[63] Ort in Kolberg
[64] Heute Mrzenzyno, Ostseebad westlich von Kolberg

teils im Keller, teils oben, aßen schnell unsere Kartoffeln, die bei Handtmanns zu Ende gekocht wurden. Post geht nicht mehr, alle Läden sind geschlossen, es gibt weder Brot noch Butter. Alle Menschen sind in größter Aufregung. Wir haben unten im Keller eine gemütliche Ecke mit Liegestühlen, kleinem Tisch. Bei uns sind Pastor Trocka mit Familie, Handtmanns, die sich in ihren Keller vier Liegemöglichkeiten gebracht haben, Göbels, Tennewalds. Es brennen die dicken Domkerzen, die Handtmann rettete und die in Stücke geschnitten sind. Dumpf hört man die Einschläge. Der Dom hat drei Einschläge, aber ohne Schaden. Ungezählte Menschen (vor der Einschließung beherbergte Kolberg neunzigtausend) sind unterwegs, versuchen teils zu Schiff, teils zu Fuß weiter zu kommen. Die Russen stehen ziemlich dicht vor Kolberg. Von eins bis drei gingen wir wieder nach oben, dann wurde aber so stark geschossen, dass wir schleunigst wieder in den Keller gingen.

6. März. Vierter Belagerungstag. Es gibt keine Möglichkeit mehr herauszukommen. Handtmanns versuchten noch, zum Hafen zu kommen, aber da standen Tausende, <u>ein</u> Schiff lag auf der Reede, man wurde ausgebootet, eine Unmöglichkeit, hinzukommen. Am Haus zieht ein Strom von Flüchtlingen vorbei, die noch immer auf Bahn und Schiff hoffen. Handtmanns kamen zurück. Es ist ein fürchterliches Elend. Dazu Kälte und Schnee. Man scheint ein zweites Leben neben seinem eigentlichen zu leben. Die Gerüchte wachsen ins Riesenhafte. Die Russen stehen in der Gegend von Altwerder. Wehrmachtbericht meldet: Schwere Kämpfe zwischen Kolberg und Greifen-

berg. Dreihundert Panzer abgeschossen. Ob das die neue Waffe[65] ist? Wie werden die Kinder sich sorgen!

7. März. Die Nacht war verhältnismäßig ruhig. Wir gingen um 10 Uhr noch mal nach oben, weil unten entsetzlich geschnarcht, geröchelt, gehustet wurde. Unsere Hausgemeinschaft hat sich ganz zusammen gefunden. Unsere Hausmannsleute sind dabei. Jeder hat sich sein Eckchen so wohnlich wie möglich gemacht. Abends um 8 Uhr hält uns Herr Handtmann eine Andacht, und dann macht sich jeder sein Bett. In den Feuerpausen laufe ich nach oben, sehe nach der Grude[66], richte Essen und brühe Tee auf. Das Schlimmste ist die Wassernot. Ich sammle Schnee, filtriere ihn, damit man sich mal waschen kann. Unter Lebensgefahr wird ab und zu mal ein Eimer aus der Persante[67] geholt. Das Feuer auf Kolberg wird immer heftiger. Am Abend ist der Himmel blutrot. Wehrmachtbericht meldet: Der Heldenkampf um Kolberg ist im Gange! Die Menschen hoffen noch immer auf ein Schiff, umsonst. Brot wird nur bei einem Bäcker gebacken, keiner wagt zu gehen. Bei uns haben wir eine alte Frau gelagert, die auf der Treppe zusammengebrochen war.

8. März. Wir waren den ganzen Tag im Keller, weil oft schwerster Beschuss war. Viele Fenster bei uns sind kaputt. Aber wir bilden eine treue Hausgemeinschaft. Es hilft ja auch alles nichts! Abends hielt uns Pastor Trocka

---

[65] Als »Wunderwaffe« bezeichnete die nationalsozialistische Propaganda gegen Kriegsende verschiedene waffentechnische Neuerungen, mit deren Hilfe der Krieg doch noch gewonnen werden sollte.
[66] Grudenkoks für den Kochherd
[67] Fluss, der bei Kolberg in die Ostsee mündet.

eine wunderschöne Andacht. Wir bekamen noch viele Obdachlose aus der Nettelbeckstraße, die brennt. Haus Schwennhaus, zwei Häuser von uns, brennt auch. Wenn ich nur unsere Kinder noch mal sehe! Wir essen im Keller. Dr. Behrend kam einen Augenblick. Alles ist so unvorstellbar! Ich schreibe im Keller unter Kanonendonner! So ein Wahnsinn! Ein große unbeschützte Stadt zu opfern! Herrgott schütze uns!

9. März. Nach verhältnismäßig ruhiger Nacht begann gegen 9 Uhr erneut die Artilleriebeschießung. Wir saßen alle zusammen, Trocka betete ein Vaterunser. Schwere, schwere Einschläge, das Herz war so ruhelos! Einen Moment raste ich hinauf um die Grude aufzuschütten, die einzige Möglichkeit, etwas Warmes zu verschaffen. Die Wohnung sieht trostlos aus! Aber es ist alles egal, nur die Kinder noch mal sehen. Alles hofft auf ein baldiges Ende! Alle Augenblicke schlug es um uns ein, viele Brände! Bei uns brannte es bei Langer, wurde aber bald gelöscht. Aber der Dom brennt, neben uns brennt Brödeners, auf den Straßen ein Fahren von Panzern, in der Luft die Flieger. Unter Kanonendonner hielt uns Handtmann die Abendandacht. Es kommen noch zahlreiche Flüchtlinge aus verbrannten Häusern. Dr. Behrend kam, erzählte, dass der Sohn von Pastor Hinz von einem Granatsplitter getroffen sei. Sein Vater beerdige ihn selber auf dem Kaiserplatz. Jeder muss seine Toten selber beerdigen. Abends kam ein Volkssturmmann, der sagte, Kolberg solle nun evakuiert werden, zuerst Frauen und Kinder, dann alte Leute, dann noch die Männer. Man solle in einer Feuerpause langsam noch in der Nacht zum Hafen gehen, in Tiburg, oder Monopol

Belagerung von Kolberg

unterkommen und am anderen Morgen gingen laufend die Schiffe raus! Größte Aufregung! Aber was half's! Die Beschießung wird noch zunehmen, und wenn wir auch brennen, müssen wir hier doch weg. Also wurde nur das Nötigste mitgenommen, und als wir um ¾12 schweren Herzens, alles zurücklassend, aus dem Keller auf die Straße kamen, empfing uns das brennende Kolberg. Man ging nur auf Scherben, schauerliches Feuer erhellte die Nacht. Ab und an lagen Tote auf der Straße, Barrikaden waren aufgebaut, dazwischen immer neue Einschläge! Wir gingen, so schnell es möglich war, mit Göbels, die sehr aufgeregt waren. Bei starken Einschlägen suchten wir Zuflucht in irgendeinem Hausflur, fanden dabei einen kleinen Handwagen, den wir mitnahmen. Endlich kamen wir im »Monopol« an, dort alles voll, wir zogen mit unseren übrigen Hausgenossen in die Münder Schule, auch überfüllt, also in das danebenliegende Pfarrhaus. Dort im Kartoffelkeller eine kümmerliche Bleibe. Aber wir sind froh und dankbar, so weit zu sein! Die großen Domlichte, die Herr Handtmann rettete, sind unsere Beleuchtung. Eine Holzstiege führt in den unter der Erde liegenden Keller. Wir holten, was im Haus zu finden war, um ihn etwas wohnlicher zu machen, Betten, Geschirr, Kissen. Kartoffeln und Feuerung sind genügend da. Frau Pastor Syring[68] hat mit seltener Tatkraft die Versorgung mit Essen in die Hand genommen. Am ersten Abend eine neue große Sorge: Das Wasser im Keller stieg besorgniserregend. Schnell wurde eine Kette gebildet und unendliches Wasser geschöpft,

---

[68] Siehe den folgenden Brief.

Belagerung von Kolberg

bis wir einsahen, dass der Kampf nutzlos sei, Grundwasser. Dann hatten wir uns eben wieder hingelegt, d. h. die meisten saßen, kümmerlich zugedeckt, in Stühlen, als es klopfte und zwei Soldaten zwei Frauen brachten, die aus Versehen in die Persante geraten und beinah ertrunken waren. Sie mussten völlig ausgezogen und getrocknet werden. Nachts erheblicher Beschuss. Um uns herum brennt es. Ein Herr Lübcke (Parteigenosse!) nimmt sich rührend unserer an, versorgt uns haufenweise mit Käse, Eiern, Brot. (Parteivorräte, wurde er nicht mehr los!)
10. März. Es hat sich alles organisiert. So langsam hat jeder seinen Stammplatz. Den ersten Mittag gab es, von Frau Syring gekocht, herrliche Kartoffelsuppe. Wenn man denkt, wie es früher – aber man darf nicht denken! Und nun warten wir auf ein Schiff!

Es ist stürmisch! Kann also nicht verladen werden! Wir holen am Tag die verlorene Nachtruhe nach, soweit die Russen einem dazu Zeit lassen. Abends isst jeder auf seinem Koffer, mittags wird das Essen durch gespendetes Fett verschönt. Abends gaben uns die beiden Pastoren in einer kurzen Andacht den Frieden für die Nacht. Hier sind achtundzwanzig Menschen in schwerer Schicksalsgemeinschaft zusammengeschmolzen. Am Hafen sollen unvorstellbare Menschenmassen stehen. Mir bangt vor dem Verladen!

11. März. Es ist vorübergehend stiller geworden. Abends sollen die Schiffe verladen werden. Vormittags schwerster Fliegerbeschuss auf Hafen und Münde[69]. Es war zu

---

[69] Fort Münde am Hafen von Kolberg

Belagerung von Kolberg

schrecklich, bei allem noch die Flieger in nächster Nähe über sich zu hören. Man lebt wie im Traum! Das Geschieße ist fürchterlich. Wir sind wieder am Umpacken. Es heißt jetzt, Männer dürfen noch nicht weg, erst Frauen und Kinder, dann die alten Leute. Wer von den Männern unter sechzig fortgeht, wird erschossen!

Handtmanns und Trockas wollen erst mal Frauen und Kinder fortschicken. Wir hoffen, auch mitzukommen. Mittags Kartoffeln und Zwiebelsoße! Dauernder Fliegerbeschuss und schwere Artillerie. Ein Kreuzer von uns hat auf See in den Kampf eingegriffen. Ein Höllenkonzert. Abends gegen acht Uhr Aufbruch. Es war sehr dunkel und starker Beschuss. Wir drückten uns an den Häusern entlang, ich stolperte über Draht und Zweige. Leute kamen uns entgegen, sagten, Hafen läge unter Beschuss, Einschiffung sei unterbrochen. Wir ins Monopol, wo unheimliche Menschenmassen zusammengepfercht waren in tiefster Dunkelheit. Ich organisierte für meinen Kurt durch blinden Zufall einen Stuhl, er ist doch völlig hühnerblind[70], seine Beine sind unförmig dick und ich zittre, dass wir getrennt werden! Es ist ein allgemeines Rufen. Wir wollen uns doch nicht verlieren. Handtmann ist mit Lübcke, der uns zum Hafen bringen sollte, voran gegangen, um zu sondieren. Nach einer halben Stunde kamen sie zurück, wir sollten wieder in unseren Keller, wegen Beschuss, keine Einschiffung möglich. Also wieder zurück. Um uns herum schlugen die Granaten ein. Dann wieder Änderung: Frauen und Kinder sollten nun doch eingeschifft werden. Handtmanns und Trockas schieden

---

[70] Hühner sind fast nachtblind.

Belagerung von Kolberg

mit der netten Frau Syring aus unserm Kreis. Ich wäre gern mitgegangen, Kurt war durch nichts dazu zu bewegen. Nach einer Stunde kamen beide Herren zurück, Einschiffung hatte überraschend geklappt, alle waren weg. Ein Leichter[71] hatte sie auf die Reede zu einem großen Schiff gebracht. Niemand hätte auch uns am Einsteigen gehindert. Nun werden wir versuchen, morgen Abend den gleichen Weg zu gehen. Gott gebe, dass alles gut geht!

12. März. Vormittags sehr starker Beschuss. Kampf mit Frauen aus der Schule, die sich unseren mühsam gemachten Kaffee holen wollten. (Wasser unter Lebensgefahr aus der Persante geholt.) Überall entsetzliches Elend! Wir sind glücklich, dass wir uns was kochen können. Waschen fällt seit Tagen aus, wir sind seit dem 4. März nicht aus den Kleidern gekommen, den einzigen, die wir besitzen. Alles ist so unvorstellbar. Kolberg soll gehalten werden! Es ist nur noch ein Trümmerhaufen. Handtmann hat den goldenen Abendmahlkelch geholt, er lief noch mal in den brennenden Dom. Wir hatten sehr starken Beschuss, es krachte und donnerte unbeschreiblich. Zu Tisch hatte der gute Lübcke uns dreihundert Eier zur Verfügung gestellt. Jeder bekam drei Setzeier, Handtmann stiftete eine Büchse Bohnen, ein Rest Mohrüben kam dazu, er hatte auch irgendwo eine Flasche Burgunder erwischt, so hatten wir ein herrliches Mittagsmahl. Eine Kiste Kandiszucker bekamen wir auch. Nachmittags wieder stärkster Beschuss. Wir packten mal wieder. Die alten Handtmanns kamen, sollten auch mit, Pastor Hintz kam mit Frau und

---

[71] Oben offenes Lastschiff

Belagerung von Kolberg

fünf Kindern. Ich kochte die restlichen fünfundsiebzig Eier, die ich verteilte, machte Brote, wir aßen noch mal gemeinsam, dann kamen schon Unteroffiziere, um den Keller für die Wehrmacht zu beschlagnahmen. Gegen ½ 9 gingen wir los, kamen bis zum Kurheim, mussten wegen Beschuss dort bleiben. Wahnsinnig überfüllte Räume, lettische und französische Soldaten.[72] Plötzlich Flieger! Alles stürzte nach hinten, Stockfinsternis. Man konnte nicht Hand vor Augen sehen, fiel über Pakete, Koffer, Kinder. Der Wachthabende schrie, die Flure müssten freigehalten werden. Man solle in die Bunker, denn wir stünden unter einem Glasdach! Nach einer ganzen Weile machten wir uns wieder auf den Weg durch das brennende Kolberg. Zu schauerlich. An der Brücke trafen wir Fräulein Tennewald, die ein warmes Zimmer erstaunlicherweise für unsere Resthausgemeinschaft organisiert hatte. Dort warteten wir weiter auf die Schiffe. Alle halbe Stunde ging einer der Herren, um zu sondieren. Nachts ½ 3 hieß es, ein Schiff sei da. Wir los, Gepäck genommen, über die Trümmer des völlig zerschossenen Münder Forts weggestiegen, und dann gewartet, gewartet in unvorstellbarer Menge. So haben wir drei Stunden gestanden, umsonst. Obgleich der Wehrmachtbericht meldete, Kolbergs Bevölkerung benähme sich musterhaft, war nichts vorbereitet, kein Mensch wusste Bescheid und kein Schiff kam mehr.

13. März. Bis ½ 6 standen wir so, dann gingen wir ziemlich aufgelöst in unser warmes Zimmer zurück. Um

---

[72] Wahrscheinlich Kriegsgefangene

sieben holten wir Kaffee aus dem Lazarett, ein Labsal. Dann versuchten wir, irgendetwas Positives zu erfahren. Bei dem hohen Seegang könne kein Schiff rein oder raus. Inzwischen hatte das Bombardement wieder eingesetzt. Unsere »Streichholzschachtel«[73] schwankte hin und her, wir waren alles andre als sicher. Das Donnern der Kanonen, das Brüllen der Stalinorgel[74], das Krachen der Einschläge, es war fürchterlich. Handtmann betete mit uns ein Vaterunser und wir warteten gottergeben auf das Ende. Im Häusel, Küche, Örtchen ein sagenhafter Dreck. Fräulein Tennewald fand einen Besen und beseitigte das Gröbste. Wir kochten sogar mit Persantewasser nachher noch mal Kaffee. Dr. Behrend, der Chefarzt des Lazaretts ist, kam auf einen Moment, dauernd wurden Verwundete vorbeigebracht, Stoßtrupps gehen nach vorn. Nachts sah man aus den Fenstern Kolberg brennen. Eine kurze Andacht unter Kanonendonner gab uns den Frieden.

14. März. Morgens erfahren, dass Schiffe gehen sollen. Wir beide machen unseren Kram fertig, gingen hinüber zum Hafen, sahen, wie zwei Schnellboote unter russischem Feuer aus dem Hafen flitzen. Wir saßen im Schutz einer Hauswand vorm Zollhäuschen, hofften, dass noch Schiffe kommen würden, umsonst, der Beschuss war zu groß. Um uns spritzten die Granatsplitter, ein Höllenlärm. Um 1 Uhr gaben wir es auf, gingen ins Häusel zurück und warteten weiter gemeinsam. Die Möglichkeit noch fortzukommen wird immer geringer. In der Maikuhle, nur durch die

---

[73] Vermutlich ist das Gebäude gemeint, in dem sie in einem Zimmer untergekommen sind.
[74] Raketenwerfer

Belagerung von Kolberg

Persante getrennt, sitzt der Russe. Ist das kleine Stück bis zum Hafen überwunden, dann ist jedes Fortkommen zu Ende. Wir beschließen nun also, unser lebensgefährliches »Zuhause« aufzugeben, jeder soll sich nun ein eigenes Unterkommen suchen und sehen, wie er weiter kommt. Ich ging mit Fräulein Tennewald unter dauerndem Beschuss überall herum, alle Keller waren vollgestopft mit Menschen. In einem Zimmer fand ich im Bett liegend einen Hauptmann und vier Leutnants, den ich flehentlich bat, doch einen alten Offizier aufzunehmen. Schließlich willigte er ein, aber – mein guter Mann wollte nicht! Im Übrigen wurde nun mit größter Bestimmtheit lautbar, dass über Nacht alles abtransportiert werden sollte. Auf der Reede lagen zehn große Schiffe! Es fehlte nur an Übersetzmöglichkeiten. Nach einer kurzen Abschiedsandacht trennten wir uns nun, jeder dankerfüllt, jeder mit der Hoffnung, doch noch im letzten Moment dieser Hölle zu entrinnen. Wir beschlossen, in einer Feuerpause mit den Sachen in den Rotekreuz-Bunker am Hafen zu gehen und dort das Ankommen der Schiffe zu erwarten.

Ungefähr 200 m vorm Eingang krachte es so, dass wir mit wankenden Knien noch gerade so in die Tür des Bunkers gezogen wurden. Dort Stockdunkel, unbeschreibliche Fülle. Kurt wollte wieder nicht weiter. Da entdeckte ich eine Tür, in die man mich nicht hereinlassen wollte, weil es das Vorzimmer des Kreisleiters sei. Da ich energisch erklärte, das sei mir völlig wurscht, ich ginge da rein, ließ man mir meinen Willen. Wir fanden einen wohnlichen Raum, eine junge Sekretärin, mit der ich mein noch vom Lande stammendes Abendbrot mit Spickgans, Butter, Wurst teilte, und auf zwei Chaisen konnten wir uns endlich mal ausstrecken. Es war hell und warm, zwar kam der Kreisleiter verzweifelt durch, und erzählte, er habe die Funkverbindung mit den Schiffen verloren, müsse heute noch zwölftausend Menschen wegschaffen. Wir sahen nun auch die letzte Möglichkeit schwinden, waren am Verzagen, da erschien er um 3 Uhr nachts, die Schiffe seien da. Erst würden Frauen mit Kindern, dann Frauen, dann Alte abtransportiert. Man solle möglichst geräuschlos nun rausgehen. So gingen wir also zu Tausenden, das brennende Kolberg leuchtete uns. Jeden Moment erwartete man das Einschlagen der Granaten.

15. März. So erlebten wir den Morgen des 15. März in Kolberg unter lebensgefährlichem Gedränge. Menschen fielen ins Wasser, Männer wurden zurückgedrängt, wir beide wurden getrennt, man fiel in der Dunkelheit über Wagen, Kinder, Gepäck, es war unvorstellbar. Zwei kleine Schnellboote und ein großer Transporter waren schon weg, ich war völlig verzweifelt, denn es begann, hell zu werden, und damit ging die letzte Hoffnung hin, je wieder ins Leben zurück zu kommen. Plötzlich hielt direkt vor uns ein kleines Schnellboot, ich beschwor den jungen Offizier, doch an seinen alten Vater zu denken und mir zu helfen, meinem Mann über die Reeling zu helfen. Die Boote wurden ja gar nicht festgemacht, und die Menschen wurden rücksichtslos ins Wasser gestoßen. Niemand sah auch nur hin. Der rührende Mann packte meinen Mann, ich kletterte in größter Schnelligkeit nach, Koffer mussten wir stehen lassen, wir hatten aber Schiffsboden unter den Füßen! Es war ein unbeschreiblich schönes Gefühl, ein Dankgebet aus vollstem Herzen. Man dachte nicht

Belagerung von Kolberg

mehr an die verminte See, an die Flieger über uns, an die einschlagenden Geschosse um uns, ein Abschiedsblick auf die brennende Heimat, und dann ging es vorwärts ins Leben, zu unseren Kindern. Bis nach Stralsund fuhr man uns! Wir waren gerettet.

P.s. Ich bin im Besitz des militärischen Berichtes über diese Zeit unter genauer Angabe der Stärke der Verteidigung usw. Danach ist es ein Wunder, dass noch fast alle in letzter Minute gerettet wurden.

Brief von Gisela Syring (1902–1977), geborene Reischauer. Nach einer Ausbildung zur Weißnäherin heiratete sie Johannes Syring. Sie hatten sechs Kinder. Der Brief ist an Günther Vollberg, einen Freund der Familie in Berlin gerichtet.

Gisela Syring ist 1945 dreiundvierzig Jahre alt.

Kolberg, den 7. 3. 1945
2 Uhr nachts

Lieber Herr Vollberg!

Es ist die letzte Stunde. Falls Sie noch mal Gelegenheit haben, einen meiner Verwandten zu sprechen, so können Sie erzählen, dass Hilde und Grete[75] einen Tag eher als ich aus Köslin rauskamen und vielleicht noch ins Reich gekommen sind. Sie fuhren mit meiner Base Margot Reischauer. Ich selbst bin mit meiner kleinen Uschi[76] nur bis Kolberg gekommen und kann nicht mehr weiter, da meine Kraft einfach nicht reicht. Wir liegen unter schwerem Artilleriebeschuss und unser Haus ist schon drei Mal getroffen. Verschiedene wollen versuchen noch zum Hafen zu kommen. Ich bin in einem Altersheim. Alles Personal ist davon und ich betreue mit einer einzigen Schwester unsere vierzig Alten und mein Kind. Dies ist meine schöne letzte Liebesarbeit, die ich tun kann.

---

[75] Hildegard und Margarethe, achtzehn und neunzehn Jahre alt, sind Töchter des Ehepaars Syring.
[76] Die jüngste Tochter, fünfzehn Monate alt

Brief von Gisela Syring

Ich grüße Sie alle und meine geliebte Familie.
Der gnädige Gott behüte Sie alle.
Ihre Gisela Syring

Wie das »Tagebuch über die Belagerung von Kolberg« berichtet, konnte Gisela Syring am 11. März mit dem Schiff aus Kolberg flüchten. Sie kam im Pfarrhaus in Sietow an der Müritz unter, wo sich auch nach und nach die anderen Familienmitglieder einfanden.

Pfingsten, 20.5.45.

Meine Lieben!

Das war ja jammerschade, daß das vorgestern nicht klappte. Gestern war die Sache viel gemütlicher, indem ein anderer Posten die Augen zudrückte, und die Flüchtlinge ab und zu etwas miteinander sprechen ließ. Da habe ich mich so recht nach Euch gesehnt. Wollt Ihr es nicht noch mal probieren? Und dann nicht so schnell weggehen, sondern die Weile ebenso zu warten. Die Lauenthaler können Euch dann schon noch etwas beraten.

Ich glaube, wir sind nicht mehr lange hier. Was dann mit uns wird, weiß ich nicht. Und wie schlagt Ihr Euch bloß durch? Hungert Ihr nicht? Ich möchte Euch so gern noch einmal Kleinigkeit zustecken. Wir werden hier gut verpflegt. Leider kann ich Euch keinen anderen Rat geben, als vorerst noch in Sangerhausen zu bleiben. Aber hoffentlich auf Wiedersehen

Brief von Johannes Syring

Brief von Johannes Syring (1898–1971), Pfarrer und Superintendent, an seinen dreizehnjährigen Sohn Karl und Hedwig Neumann, Haushaltshilfe der Familie. Die beiden lebten im Mai 1945 für kurze Zeit in der Wohnung der Großmutter in Danzig-Langfuhr. Mehrmals hatten sie versucht, den Vater noch vor dessen Abtransport nach Russland zu treffen.
Johannes Syring ist 1945 siebenundvierzig Jahre alt.

Pfingsten, 20. 5. 1945

Meine Lieben!
Das war ja jammerschade, dass das vorgestern nicht klappte. Gestern war die Sache viel gemütlicher, indem ein anderer Posten die Augen zudrückte und die Angehörigen ab und zu etwas miteinander sprechen ließ. Da habe ich mich so recht nach euch gesehnt. Wollt ihr es nicht noch mal probieren? Und dann nicht so schnell weggehen, sondern die Wachablösung abwarten! Die Lauentaler[77] können euch dann schon noch etwas beraten. Ich glaube, wir sind nicht mehr lange hier. Was dann mit mir wird, weiß ich nicht. Und wie schlagt ihr euch bloß durch? Hungert ihr sehr? Ich möchte euch so gern noch eine Kleinigkeit zustecken. Wir werden hier gut verpflegt. Leider kann ich euch keinen anderen Rat geben, als vorerst noch in Langfuhr zu bleiben. Also hoffentlich auf Wiedersehen. Wenn wir uns nur von Weitem sehen, dann ist das auch schon

---

[77] Lauenthal ist ein Stadtteil von Danzig; hier war Johann Syring interniert.

was wert. Heute ist Pfingsten. Welch trauriges Erleben. Und doch hat uns dreien Gott bis hierher geholfen. Wie mag es den andern geliebten Familienangehörigen gehen? Wo mögen sie stecken? Es ist meine unablässige Sorge und mein ständiger Kummer. Aber es ist ja zunächst nichts zu machen. Bleibt ihr beide mir nur gesund, sodass ihr alle Härte und Qual weiter überwindet!

Es grüßt euch innigst
euer euch liebender
treuer Papa

Einen Tag später trafen die beiden Johannes Syring dann doch auf einer Straße in Danzig während seines Abtransports in die russische Gefangenschaft. Sie gingen eine Weile nebeneinander und der Vater gab ihnen seinen Ehering und seine goldene Uhr. Diese Uhr verhalf ihnen später dazu, in einen Zug nach Westen zu kommen.

Im Oktober 1947 wurde Johannes Syring aus der Gefangenschaft entlassen und fand seine Familie in Sietow wieder.

Auszüge aus einem Tagebuch von Dr. Rosemarie Stroh (1914–2003), geborene Wendel, geschrieben für ihren 1941 geborenen Sohn Wolfgang Martin. Ihren Beruf als Medizinerin hat sie nicht ausgeübt. Verheiratet war sie mit dem Pfarrer Hans Stroh (1908–1989). Die Familie wohnte in Stuttgart in einer Dienstwohnung, die 1944 zerstört wurde. Danach zog Rosemarie Stroh mit ihren zwei Kindern zur Großmutter nach Reutlingen.
Rosemarie Stroh ist 1945 einunddreißig Jahre alt.

18. Februar 1945

[…]
Ende Juli [1944] empfanden wir als großen Einschnitt: In drei nacheinander folgenden Angriffen wurde unser Stuttgart zerstört. Die ganze Innenstadt wurde in Trümmer gelegt, vom Bahnhof bis zur Lenzhalde stand kaum mehr ein Haus. Auch Oma hatte wieder großen Schaden. Unter Mühen gelang es ihr, einen Teil der Möbel wegzubringen. Ohne Licht, Gas und Wasser mussten sich die Menschen lange Zeit plagen – Post, Straßenbahn, Telefon – alles stockte. Das Leben war mit einem Schlag verändert. Man musste wieder ganz einfach und primitiv leben, und hatte doch eine ganz andere Lebenserfahrung gehabt. Damals war vor unserem Haus ein großer [Bomben-]Trichter.

Am 12. September ging dann unser Heim auf der Doggenburg[78] in Flammen auf. Das war die entsetzlichste

---

[78] Stadtteil von Stuttgart; früher war hier ein Doggenzüchterbetrieb.

Tagebuch von Dr. Rosemarie Stroh

Nacht für unsere Gemeinde. Ein Flächenbrand tobte in der Trauben-, Seiden-, Hegel-, Kornbergstraße, fast zweihundert Menschen sind in den Kellern oder im Flammenmeer erstickt; darunter viele treue kirchliche Familien, mit denen wir verbunden waren. Das Gemeindehaus brannte ab bis auf den untersten Saal, von der Gedächtniskirche blieb nur noch eine Wand stehen, die den posaunenden Gerichtsengel zeigt.

Nur dreißig Häuser standen noch am unteren Gemeindebezirk. Es war unsagbar schwer für Stadtpfarrer Ißler, all dies Leid mitzutragen und die blühende Gemeindearbeit mit einem Schlag vernichtet zu sehen. Denn nun zerstreuten sich die Menschen in alle Winde.

Von unserem oberen Bezirk stand noch der größere Teil. Auch die Waldkirche, nun eben recht beschädigt. Doch das Gemeindeleben ging weiter. Der Rest hielt umso treuer zusammen, [drei Wörter unleserlich] aus Gottes Wort Halt und Aufruf zu empfangen.

Ein sehr lieber Student, Martin Baumann, half mir mehrere Tage lang bei der Bergung von Vatis Büchern. Denn das Amtszimmer im Souterrain hatte noch eine zeitlang Stand gehalten, sodass wir noch alles herausbringen konnten. Aus der Wohnung selbst konnte gar nichts gerettet werden. Ich fuhr nun zwischen Reutlingen und Stuttgart hin und her – oft recht abenteuerlich, zum Teil auf Lastwagen oder in Privatautos. Es ging mir sehr gut, immer nahm mich etwas mit! Wir brachten das Gerettete zunächst im unteren Raum der Kirche unter; die Bücher mussten zum Teil getrocknet werden, dann in Kisten verpackt und teils nach Gaildorf, teils nach Reutlingen befördert werden. Es begann der Kampf um die Transpor-

Tagebuch von Dr. Rosemarie Stroh

te. Erst im Dezember brachten Mutti, die noch im September ganz abgebrannt war,[79] und ich den Rest unserer Habe hierher.

Außer von Martin Baumann, der mir brüderlich zur Seite stand, hatte ich noch in Schwester Hedwig eine sehr tatkräftige, unermüdliche Hilfe, auch Schwester Friederike half rührend mit. Bei den öffentlichen Speisungen auf dem Zavelstein[80] bekam ich einen Begriff davon, was Massenelend ist. Völlig zermürbt und stumpf erschienen die leidgebeugten Menschen, als könne nun Schlag um Schlag auf sie niedersausen, ohne eine Empfindung bei ihnen auszulösen. Diese Stumpfheit schien mir noch entsetzlicher zu sein als die innere Auflehnung, denn sie kann ja auch Gottes Stimme nicht mehr vernehmen. Man hätte ihnen zurufen mögen: »Schaut auf! Zum Höchsten seid ihr berufen, zu Seinem Ebenbild hat euch Gott erschaffen!« Die Gemeinde selbst, die wurde freilich geläutert und man merkte bei vielen etwas von der Kraft, die in den Schwachen mächtig ist.

Ganz herrlich war für uns, dass Vati im Oktober in Bombenurlaub[81] kam. Zum Teil waren wir hier, zum Teil in Stuttgart, diesmal freilich ohne euch. Wir schliefen in Onkel Konrad und Tante Theresa Schmidts Schlafzimmer, wohnten im unteren Raum der Kirche, machten Besuche, hatten auf Behörden zu tun, gingen – trotz allem – selig durch die Straßen unserer Gemeinde,

---

[79] Gemeint ist wohl, dass das Haus oder die Wohnung der Mutter abgebrannt war.
[80] Gehört heute zu Bad Teinach, Nordschwarzwald.
[81] Soldaten an der Front konnten »Bombenurlaub« erhalten, um nach Bombenangriffen auf den Heimatort dorthin zu fahren.

Tagebuch von Dr. Rosemarie Stroh

feierten manches Wiedersehn – manchmal noch im Stollen. Durch fleißige, freiwillige Arbeit wurde die Waldkirche wieder soweit in Ordnung gebracht, dass Vati am 15. Oktober in der gefüllten Kirche einen ergreifenden Gottesdienst mit Abendmahlsfeier halten konnte. Unsere Herzen waren bewegt im Gedenken an all das erlebte Leid, aber auch voll Dank für diese gesegnete Stunde, da unser Herr selbst uns einte und durch Wort und Sakrament stärkte. Für uns war es ein Abschied; denn die so zusammengeschrumpfte Gemeinde bedarf unseres Dienstes nicht mehr. Und der Untergang unseres Hauses und der ganzen Einrichtung zeigte uns, dass Gott uns neue Wege führen wolle. Wie froh sind wir, dass wir unsere Wohnung recht ausgenutzt und vielen Menschen zur Verfügung gestellt haben.

[...]

Wir haben nun »Kulturabende«, an denen Fräulein Fischer uns Vorträge hält über »Ostkolonisation«, »Goethe«. Je mehr der Kampf ums Dasein einen auszufüllen droht, desto mehr besinnt man sich auf die geistigen Güter unseres Volkes, die wir uns nicht entwerten lassen wollen, auch wenn Terrorbomben und Panzerwagen alle Wahrzeichen unserer Kultur zu vernichten drohen.

In den Osten und in den Westen ist der Feind eingefallen. Die Not – vor allem im Osten – ist unermesslich. Bei Eiseskälte müssen die Leute mit ihren Kindern fliehen. Und was mag aus denen geworden sein, die geblieben sind?

Ihr ahnt noch nichts von diesem Leid; ihr macht eure Spiele, genießt nach dem bitterkalten Januar die frühlingshaften Februartage, fahrt Dreirad und spielt

Tagebuch von Dr. Rosemarie Stroh

Sandhaufen, tummelt euch mit Hiltrud und Helga, die zur Zeit bei Fräulein Günzlein wohnen. In den Kindergarten seid ihr mit Begeisterung gegangen, seit 1. November; Tante Ilse hat auch viel Verständnis für die »Strohsäckle«[82] gehabt. Nun hat sie leider schließen müssen wegen Kohlenmangel, und auch Schwester Luise hält kein Kreisle mehr. Dafür dürft ihr in die Kinderkirche gehen am Sonntag. Du kannst zwar den Geschichten noch nicht so ganz folgen – aber du gehst doch arg gern hin mit deinem Wilfried.

Der Angriff auf Reutlingen am 15. 1. hat mich nicht zutiefst erschüttert; ich war dankbar, dass ihr so ruhig im Keller saßt. Wir hatten nur ein paar Fensterschäden. Allerdings seither kein Gas mehr, nun kochen wir etwas mühselig auf dem Herd. Die letzte Zeit brachte viel Alarme und hat nun auch dich etwas ängstlich gemacht.

Aber im Großen und Ganzen leben wir hier doch noch sehr geborgen. Und wir wollen die Zeit nutzen, uns innerlich zu rüsten für Kommendes. Mir ist eine rechte Erquickung unser vierzehntägiger Bibelkreis mit Stuttgarter Kohnemeiers zusammen. Auch lese ich viel biblische Geschichten aus Deiner ganz besonders schönen »Bibel«: »Der Schild des Glaubens«. Besonders freudig haben wir noch Weihnachten gefeiert, an dem uns unser Herr so ganz nahe kommt, in unsere Not und Armut hinein. Ja, mit ihm hat uns Gott alles geschenkt.

---

[82] Die beiden Kinder, Wilfried und Wolfgang Stroh

Tagebuch von Dr. Rosemarie Stroh

22. April 45

Noch zwei Luftangriffe hat Reutlingen durchgemacht: am 22.2., und am 1.3. Beim Märzangriff haben mächtige Brände von der Bahnhofgegend bis zur Krämerstraße getobt. Wir sind diesmal im Keller gelegen, da hast du dich fest um deine Bärle geschmiegt, und ich dachte an den Vers: »Es kann mir nichts geschehen, denn was Gott hat ersehen.« Rings ums Haus fielen die Brandbomben, aber dem Haus selbst ist nichts passiert. Wir waren tief dankbar, wie wir alles unversehrt vorfanden. Aber darf man sich freuen angesichts der Not so vieler? Der Sturmwind trieb Qualm und Brocken bis zu uns, und unheimlich war das Geknister der Flammen zu hören.

[...]

Unser Vati ist nicht mehr in Italien – mit seiner Einheit wurde er nach Schlesien verlegt. Wo er nun eingesetzt ist, das wissen wir nicht; Gott kann ihn behüten, wo er auch sein mag; er selbst schreibt immer fröhlich und getrost. Doch können wir nun keine Briefe mehr von ihm bekommen.

Denn am 20. April ist Reutlingen von den Franzosen eingenommen und besetzt worden. Noch sind wir »wie die Träumenden«, erfassen kaum die Tragweite dessen, was geschehen ist. Von Norden und Westen her ist der Feind immer mehr in unser Schwabenland eingedrungen. Es war kaum mehr möglich, mit der Bahn zu fahren wegen der vielen Bombardierungen und Beschießungen. Man fragte nur noch: Wann kommt der Feind? Werden wir es überleben?

Die spannungsreichen Tage vor der Besetzung waren mit Arbeit ausgefüllt; denn es galt Vorräte einzukaufen,

Tagebuch von Dr. Rosemarie Stroh

sie zu verwahren, sich im Keller einzurichten, Geld abzuheben usw. Aber noch wichtiger war es, sich innerlich vorzubereiten auf das Kommende. Wussten wir doch nicht, ob wir nicht bald vor unserem himmlischen Richter zu stehen hätten. Und auch sonst war uns viel innere Kraft nötig und gottgeschenkte Weisheit für alle Entschlüsse. – Und jetzt kann ich nichts tun, als vom ganzem Herzen für Gottes starken Schutz zu danken, mit dem Er uns in den kritischen Tagen umgeben hat.

Tage voll Sonne und Blüte waren es, an denen der Feind von Tübingen her auf unsere Stadt zudrang. Die ganze Natur schien uns noch einmal der unwandelbaren Treue Gottes versichern zu wollen. Am 19. schreckten uns Bombenabwürfe in nächster Umgebung auf; verschiedene Fenster gingen kaputt – das Haus von Hummels wurde ziemlich demoliert und Fräulein Fischer siedelte zu uns über. Eine ruhige Nacht folgte. Am 20. waren Kämpfe um Betzingen, wir hörten das Schießen der Artillerie, bewegten uns zwischen Garten und Keller, kochten auf dem Sparherd im Freien. Ihr sprangt fröhlich im Garten herum, erst nahe Einschläge veranlassten euch, in den Keller zu gehen. Ich las einen Vortrag Vatis über Dostojewski und las euch auch aus Bibel und Bilderbüchern vor. Familie Streb und Tante Lina waren mit uns im Haus. Sehr viele Reutlinger verbrachten den Tag außerhalb der Stadt in ihrem Gütle[83]; doch wir blieben im Haus, was sich auch als sicherer und besser erwies. Nachmittags wurde die Stadt durch Tiefflieger beschossen; wir lagen im Keller, während die

---

[83] Kleingarten

Tagebuch von Dr. Rosemarie Stroh

Maschinen über uns wegsausten. Wir waren froh, dass das befürchtete Bombardement ausblieb. Man spürt in solchen Minuten, wie sehr man doch am Leben hängt; sehr schwach ist in mir noch die Sehnsucht nach der ewigen Gottesgemeinschaft. Am Abend war schon ein Teil der Stadt besetzt, doch unsere Straße noch nicht. Wir kochten und aßen in der Waschküche. Die halbe Nacht schlief ich mit euch im Keller, dann oben in den Betten, denn es wurde allmählich ruhig. In der Früh des 21. gab es noch Straßenkämpfe, bis dann um zehn Uhr etwa die ganze Stadt besetzt war. Wir sahen durch die verschlossenen Läden durch, wie der erste kleine Panzerwagen durch die Aulberstraße fuhr.

Zuerst empfand man nur eine große Erleichterung. Das Leben, all unser Gut war uns wie neu geschenkt. Gott hatte seine Hand über uns gehalten und uns nicht umkommen lassen. Mit tiefer Dankbarkeit schloss ich euch immer wieder in die Arme. Mich hat die ganzen Tage durch das Lied begleitet: »Herr, unser Gott, lass nicht zuschanden werden die, so in ihren Nöten und Beschwerden bei Tag und Nacht auf deine Hilfe hoffen und zu dir rufen. Wir haben niemand, dem wir uns vertrauen, vergebens ists auf Menschenhilfe bauen. Mit Gott wir wollen Taten tun und kämpfen, die Feinde dämpfen.«

Gott hat uns wie immer Ruhe geschenkt und gezeigt, was wir im einzelnen zu tun hatten; nun wollen wir ihm unser neu geschenktes Leben neu weihen. Auch das Wort: »In unsichtbaren Mauern hält er die Seinen ein« durften wir erleben. Unbehelligt verbrachten wir die ersten Tage der Besatzung.

Tagebuch von Dr. Rosemarie Stroh

Ein Schmerz ist uns freilich die tiefe Not und Schmach unseres Vaterlandes; wird unser Volk wieder einmal aufsteigen; hat es die innere Kraft dazu? Wir wollen deutsches Wesen, deutsche Sitte pflegen und hochachten; unsere Kulturgüter uns zu eigen machen und mit uns tragen, unsere Geschichte lernen und lieben, auch die Gottesgeschichte unseres Volkes ansehen und bitten, dass Gott uns nicht verwerfe, sondern unser Volk sich zu Ihm bekehre und Sein Volk sei; wie Gott durch Jeremia spricht: »Sie sollen mein Volk sein, so will ich ihr Gott sein; denn sie werden sich von ganzem Herzen zu mir bekehren.«
[...]

10. 6. 45
Gleichmäßig heiter gehen nun eure Tage dahin. Am 1. 6. hat der Kindergarten wieder begonnen; mit größter Freude geht ihr zu eurer Tante Ilse. Du bist sehr glücklich, dass du hast ein Bildle ausnähen dürfen wie es sonst eigentlich nur die größeren Kinder machen. Nach dem Essen schläfst du fest; dann aber geht's in den Garten, wo Wilfried schon in der Hängematte schaukelt. Gern besucht ihr die Hoss-Kinder nebenan; dort hat es Hühner und ist überhaupt viel Leben. Der Hängematte wegen kommen die Nachbarskinder auch gern zu uns. Oft wird nachmittags etwas ausgeführt. Ins Holz zu gehen, das ist der größte Spaß; wir sammeln nun für den Winter große Prügel. Ein aufmerksames Auge haben wir auch für die Rossbollen[84], die am Wege liegen und die wir zum Düngen unseres Gärtleins brauchen. Mit wahrer Sam-

---

[84] Pferdeäpfel

Tagebuch von Dr. Rosemarie Stroh

melwut seid ihr hinter diesem kostbaren Gut her. Viele Gänge hatten wir zu tun, um Gemüsesetzlinge zu bekommen. Da sind wir von einer Gärtnerei zur andern gepilgert mit wechselndem Erfolg. Doch jetzt ist unser Garten voll und wir geben uns große Mühe mit der Pflege der kleinen Pflänzlein. Gar zu gern helft ihr da mit; besonders du möchtest immer gießen. Ausflüge nach Eningen und Degerschlacht werden immer wieder unternommen, zum Teil aus praktischen Gründen. In der Eniger Kirche habe ich einen Schrank untergestellt und Geschirr darin verwahrt; außerdem ist da eine Waschanstalt, die uns hie und da die großen Stücke wäscht. Familie Feldkeller und Pfarrer Hoggenbauers helfen uns in allem sehr lieb. Es ist jedes Mal erfrischend mit den lieben Menschen zusammenzusein und die frohe Kinderschar zu sehen. In Degerschlacht besuchen wir die Frau eines Kameraden von Vati – Frau Knapp. Sie hat drei nette Kinder und hilft uns rührend mit Gemüse, Kartoffeln, auch Brot aus. Vor der Besetzung gab sie uns sogar Eier! Auch die Eltern Knapp sind sehr gut zu uns, und helfen, wo sie können. Es ist gut, dass man nun bei diesen Ausflügen keine Angst mehr vor Tieffliegern zu haben braucht. Und man atmet auf, dass man ungestört durch Sirenen seine Tagesarbeit tun und bei Nacht schlafen kann.

Ein größeres Unternehmen war der Ausflug nach Hanau, wo wir mit dem Leiterwagen verlagerte Koffer zurückholten. Gisela Kurtz, eine frühere Konfirmandin von Vati und ihre Tante gingen auch mit, ebenfalls mit einem Wagen. Es war ein schöner, aber heißer Tag, und ihr wart froh, dass ihr beim Heimweg immer wieder auf dem Wagen aufsitzen durftet. Du warst so müde, dass du

Tagebuch von Dr. Rosemarie Stroh

einschliefst und beinahe vom Wagen heruntergepurzelt bist.

Unseren väterlichen Freund, Herrn Schmid vom Brüderhaus besuchen wir hie und da. Er hat nach seiner Operation noch eine Venenentzündung bekommen und muss darum fest liegen. Zu ihm gehst du besonders gern hin.

Wichtig sind dir noch die »Kulturabende«, die Fräulein Fischer nun wieder alle vierzehn Tage bei uns hält, wenn ihr auch freilich nicht daran teilnehmt. Da kommt Fräulein Digel mit ihrer Freundin, Fräulein Müller (eine Freundin aus der AGS[85]), Gisela Kurtz. An Gästen fehlt es nicht, das ist sehr schön. Fräulein Digel wird uns allerdings jetzt verlassen; sie wandert in der nächsten Woche nach Hause – nach Öhringen. Es ist noch nicht sicher, ob sie wiederkommt. Fräulein Müller haben wir auch sehr liebgewonnen und freuen uns, wenn sie zu uns kommt. Sie hat uns rührend lieb mit Setzlingen für den Garten versorgt. Heute wollen wir ihr einen Besuch machen.

Am Sonntag geht ihr in die Kinderkirche, von der du mir aber nicht viel zu erzählen weißt. Ihr seid stolz darauf, dass ihr dabei in der schönen Marienkirche sein dürft.

Eine große Rolle spielt in eurem Leben unsre Einquartierung. Schon seit sechs Wochen wohnen in der oberen Wohnung, in der einst Frau Imschede und Karin waren, zwei Soldaten. Sie sind aus Algerien, also Araber mit brauner Hautfarbe, Mohammedaner. Untereinander sprechen sie Arabisch, mit uns Französisch. Sie sind sehr sauber

---

[85] Allgemeine Gewerbeschule

Tagebuch von Dr. Rosemarie Stroh

und ordentlich; wenn sie euch sehen, stecken sie euch rasch Schokolade oder Bonbons zu. Das schmeckt euch! Auch uns geben sie dafür, dass wir die Zimmer richten und hie und da Uniformen waschen, immer wieder etwas an Lebensmitteln. Es ist ja nicht leicht für uns etwas anzunehmen. Aber wir sehen es doch als ganz große Hilfe und Güte an, dass wir diese Zulagen bekommen. So können wir auch getrost immer wieder Gäste einladen. Besonders dankbar waren wir im Anfang für das Brot, das sie uns einige Male hingereicht hatten. Auch für die Wäsche bekommen wir köstliche Seife, mit der wir auch unsere eigene Wäsche wunderschön waschen können. Im persönlichen Verkehr halten wir uns sehr zurück; es ist wohl besser so. Handelt es sich doch um eine feindliche Besatzung; und wir finden es nicht richtig, wenn man allzu vertraut mit den fremden Soldaten wird. Es ist ein Unrecht unsren eigenen gegenüber, die noch irgendwo festgehalten werden, nachdem sie jahrelang ihr Leben für Frau und Kinder eingesetzt haben. An sie wollen wir denken und auf sie warten, dass wir uns rein für sie erhalten. Es ist tieftraurig, wie wenig oft Frauen und Mädchen hier daran denken, dass sie Deutsche sind. Wir leiden wirklich unter der Schmach, die unserem Volk angetan wird! Jeder ist froh, dass er leben kann, genug zu essen hat, und sucht sich noch ein bisschen Glück und Genuss zu erhaschen. Ich ermahne auch euch, zwar höflich und freundlich zu den Soldaten zu sein, euch aber nicht bei ihnen herumzutreiben. Wenn das auch sehr verlockend wäre, denn bei Bartenschlagers ist das Proviantamt untergebracht und da herrscht reger Betrieb. Autos fahren hin und her, Hammelherden, Gemüse, Kisten usw. werden auf- und abgeladen. Da gibt es viel zu schauen für euch – aber nur auf Abstand!

24. 6. 45
Hie und da bringt uns jemand einen Brief, aus Stuttgart, Schorndorf (Tanten Stroh), Hall (Gertrud Lechler) oder Waiblingen. Das ist dann ein großes Ereignis und man ist bestrebt, wieder irgend jemand zu finden, der die Antwortbriefe mitnimmt. Aber sonst ist man völlig abgeschnitten, nicht nur von den Soldaten, die irgendwo gefangen oder auf dem Heimweg sind, sondern auch von allen Bekannten und Verwandten. In Wien sind die Russen, wir haben keine Möglichkeit, etwas von den Großeltern zu hören; auch Württemberg ist zum Teil von Amerikanern, zum Teil von Franzosen besetzt. Und so ist das ganze Deutsche Reich zerstückelt. Jede Stadt ist ein Staat für sich, der zu sorgen hat, dass er seine Bewohner satt kriegt und einigermaßen Ordnung hält, den Anordnungen der Militärregierung gefügig ist. Leicht haben es die verantwortlichen Männer – die Bürgermeister – bestimmt nicht, die Interessen der Bevölkerung zu wahren und der Militärregierung zu Diensten zu sein. Die deutsche Kleinstaaterei ist durch die Verschiedenartigkeit der Besetzung, die Unmöglichkeit eines Austauschs, die völlige Post- und Verkehrssperre auf die Spitze getrieben. Es gibt keine einheitliche Idee, kein Ziel mehr, das alle Deutschen zusammenschließt. Ja, wir kennen nicht einmal das Schicksal anderer Teile des Reiches, weil uns das Radio nur propagandistische Berichte vermittelt. Eng begrenzt und nur auf die eigene Wohlfahrt gerichtet sind die Interessen der kleinen

Tagebuch von Dr. Rosemarie Stroh

»Stadtstaaten«; und so wird der unheilvolle Hang der Deutschen zur Eigenbrödelei noch unterstützt.

Es ist billig und unrecht, all die Schuld an dem Unglück den ehemaligen Führern zuzuschieben. Da nun der Nationalsozialismus elend zusammengebrochen ist, wird er mit Schmähungen überhäuft, nicht nur von unseren Feinden, sondern auch von unserem Volk selbst, das ihm vor kurzem noch zuzujubeln schien.

Vor zwölf Jahren wurde Adolf Hitler Führer des Deutschen Reiches, anstatt ungezählter sich befehdender Parteien gab es nur noch eine, die Arbeitslosigkeit nahm ein Ende und langsam schien sich Deutschland von den Fesseln des Versailler Diktats zu lösen. Das Ziel war, Deutschland wieder zu einem den anderen Völkern ebenbürtigen und verhandlungsfähigen Staat zu machen, deutsche Sitte und deutsches Wesen zu pflegen und ein einiges Volk darzustellen. Mit dem nationalen verband sich der soziale Gedanke: Es wurde erkannt, dass eine Lösung des Klassenkonflikts eine innere Umstellung voraussetze. Das beweist das Schlagwort »Gemeinnutz vor Eigennutz«. Mit großer Begeisterung habe ich den Sieg der Bewegung miterlebt, der schon lange meine Liebe gehört hat. Im Arbeitsdienst – im Jahr 1932, also schon vor der Machtübernahme, hatte ich fast etwas zu einseitig sozialistisch denken gelernt. Und es schien mir, als sollten sich nun alle Ideale bald verwirklichen. Gern arbeitete ich auch im Studentenbund, bei der NSV und dem Amt für Arbeitsdienst mit.

Die Ziele der Bewegung waren wohl gut, aber die Mittel, derer sie sich bediente, waren schlecht. Nachdem es nicht gelungen war, die Kirche zu politischen Zwecken

Tagebuch von Dr. Rosemarie Stroh

zu benützen, verwarf man sie und wandte sich von ihrem Wort ab. Da die Führung keine Gottesfurcht kannte, sondern dem eigenen Willen und der eigenen Kraft <u>alles</u> zutraute, fürchtete sie den Einfluss der Kirche auf die Seelen der Menschen und beschnitt ihn so sehr sie konnte. Wer sich nicht demütig unter Gott beugen kann, der muss auch Christus hassen. Sein Gehorsamsweg war ja ein ständiger Angriff auf die menschliche Selbstüberschätzung. Man verließ das 1. Gebot und verletzte darum noch mit unheimlicher Konsequenz alle anderen Gebote. Man verfolgte die Juden auf unmenschliche Weise, tötete die Geisteskranken, sprach ganz willkürlich das Recht, verachtete die Gewissen, uniformierte die Menschen äußerlich und innerlich, achtete kein Eigentum mehr. »Gut ist, was dem Volke nützt« war der sehr biegsame »Wertstab«. Deutlich wird sichtbar, wie der, der sich einmal gegen Gott entschieden <u>hat</u>, einfach sündigen <u>muss</u>. Jedes Verbrechen zieht ein neues nach sich. Auch was ursprünglich Gutes gewollt wurde, verkehrte sich ins Gegenteil. Gott ließ sich nicht spotten und hat sich gegen uns gewandt. Es ist ja das Furchtbare an der Gottlosigkeit der Mächtigen, dass sie das ganze Volk mit ins Verderben reißen; ihr Sturz zieht alle andern mit sich und lässt eine Katastrophe größten Ausmaßes entstehen. Wie die Regierung keinen Ausweg mehr sah, wie der Feind von allem Seiten ins Land einmarschierte, wurde der »Widerstand bis auf den letzten Mann« propagiert. Der Feind sollte keine besiegten, sondern nur tote Deutsche finden. Doch dieser Entschluss der Verzweiflung ließ sich nicht mehr durchführen. Das deutsche Volk lebt noch, zwar in Schmach, Unterdrückung und Machtlosigkeit, ein Spott

Tagebuch von Dr. Rosemarie Stroh

und Schauspiel für die Siegermächte, aber mit der demütigen Bitte zu Gott, dass Er ihm noch einmal eine Aufgabe in der Zukunft schenke.

Viel ist uns anvertraut von Gott; in unserm Volk hat Luther das Wesen des Evangeliums neu erkannt; darum musste uns Gott auch so hart strafen, nachdem wir uns übermütig gegen Ihn erhoben und Seine Gebote missachtet hatten. Und doch dürfen wir – wie neulich in einem Vortrag gesagt wurde – nachdem wir Gottes richterliche Gerechtigkeit erfahren haben, noch um seine Gnadengerechtigkeit bitten.

Ein großes Erlebnis waren uns in der vorletzten Woche vier Vorträge in der Marienkirche, die auf die Fragen der Zeit eingingen. Die Kirche konnte kaum die Menschenfülle fassen. »Die Gerechtigkeit Gottes im Weltgeschehen«, »Waren die Opfer unserer Gefallenen umsonst?«, »Das Reich Gottes ist nahe« – so hießen die Themen des zweiten bis vierten Vortrags (der erste war weniger erfreulich).

Es ist etwas Schönes, dass die Kirche ihr Wort wieder zu einem großen Kreis von Menschen sprechen darf, und sie allein kann ja noch etwas Klares, Festes sagen. In Manchen ist diese plötzliche Begünstigung der Kirche auch eine Versuchung für sie. Doch Gott möge die führenden Männer durch Seinen Geist leiten.

Da ich noch mehr als vorher liegen muss,[86] bleibt mir viel Zeit zum Lesen. Da ist es vor allem die Kirchengeschichte, die Deutsche Geschichte, die mich interessieren, und dann noch solche Bücher, die in die Bibel einführen. So darf ich neben dem Schmerzlichen, das mir das Nicht-

---

[86] Sie hatte Tuberkulose.

Tagebuch von Dr. Rosemarie Stroh

Gesundsein bedeutet, noch viel Schönes in diesen stillen Liegestunden erleben.

1.7.45

Heute haben wir deinen vierten Geburtstag gefeiert; es war ein schöner Tag, wenn wir auch leider ihn ohne unsern Vati feiern mussten. Aber wir wussten, dass er heut besonders an uns denkt und im Geist unter uns weilt; wie mag er sich nach uns gesehnt haben! Zu allem war heut auch noch Sonntag, so konnten wir's besonders festlich gestalten. Vier Lichtlein brannten auf dem Ring; wir sangen zuerst »Weil ich Jesu Schäflein bin«. Voll Freude sahst du deine Geschenklein an. Das Schönste war freilich das Panzerauto von Tante Hilde. Am Nachmittag kamen nämlich Tante Johanna, Herr Reuß, Tante Hilde, Onkel Loti und die drei Kinder zu uns, um mitzufeiern. »Herr Onkel Loti« erzählte von seiner amerikanischen Gefangenschaft und seiner schwierigen, aber wunderbaren Heimkehr. Wir sind so froh, dass er wieder hier ist. Mit den Gsell-Kindern habt ihr fest gespielt; morgens wart ihr schon alle zusammen in der Kinderkirche gewesen. Am Abend hast du im Bettlein noch Gott gedankt: »Ich danke für den lieben Gott und den Panzer geschenkt, in Gnaden behütet.« Sehr gefreut hast du dich noch über eine kleine schwarz-weiß-rote Fahne[87]; die hattest du dir gewünscht, nun wird sie im Sandhaufen aufgepflanzt.
[...]

---

[87] Fahne des Deutschen Reiches

Tagebuch von Dr. Rosemarie Stroh

2. 9. 45
[...] Wir sind voll Dank, wie uns Gott täglich versorgt; immer haben wir genug zu essen. Obwohl wir schon lange am Ende sind mit dem Kartoffelvorrat, bekommen wir immer im rechten Augenblick welche geschenkt. In den letzten Wochen haben uns siebenerlei Leute Kartoffeln gebracht! Auch Frau Klumpp sorgt treu für uns; so kann ich euch sogar hie und da Spätzle machen, ein Hochgenuss. Auch mit dem Brot brauchen wir jetzt nicht mehr so sehr zu sparen; wir dürfen getrost sagen »… mit aller Notdurft und Nahrung dieses Leibes und Lebens reichlich und täglich versorget …«. Dir sieht man doch wirklich keine Not an, stark und blühend siehst du aus.

26. 9. 45
Inzwischen ist uns ganz entscheidend geholfen worden in der Kartoffelfrage. Aus B[unleserlich]heim kam ein Sack schönster neuer Kartoffeln; und bei einer netten Bauersfrau in Rübgarten konnten wir uns mehrere Male in den Rucksäcken alte Kartoffeln holen. Auch mit dem Brot kommt immer wieder Hilfe. Die gute Frau Luise Klumpp sorgt sogar dafür, dass wir Äpfel kriegen.

Du machst gern Ausgänge mit mir; fröhlich plaudernd marschierst du an meiner Hand – zu Gärtner Humme, Luise Klumpp, neulich nach Letzingen, wo du einen Mantel vom Schneider gefertigt bekamst!
[...]

8. 2. 46
[...] An Weihnachten war Marlene bei uns, sie hat mit euch gesungen und gemalt. Unser Fest war sehr schön.

Tagebuch von Dr. Rosemarie Stroh

Wilfried sagte die Weihnachtsgeschichte auf, zwischendurch sangen wir. Du sangst allein: «O Jesulein zart». Das war eine richtige kleine Feier, jeden Abend hatten wir am Text und an den Liedern gelernt; noch in den folgenden Wochen haben wir fast jeden Abend unter dem brennenden Baum – es war wieder ein Wunder, dass wir Kerzen hatten – gesungen. Die Fülle der Geschenke hat euch ganz überwältigt; wir haben gleich die neuen Spiele gemacht und ihr wart wirklich von Herzen dankbar. Mit uns gefeiert hat noch unsere liebe Tante Grete Müller; sie hilft uns seit Anfang Oktober jeden Vormittag im Haushalt. Wie dankbar sind wir ihr dafür. Auch ihr bekommt durch sie viel Anregung.

Die erste Nachricht von unserem Vater bekam ich am 19. Oktober, an unserem Hochzeitstag.

Er schrieb aus einem russischen Kriegsgefangenenlager in Lauban/Schlesien. Das Lager war sachlich geführt, hygienisch einwandfrei, die Verpflegung knapp, aber doch einigermaßen geregelt, gearbeitet wurde im Allgemeinen nicht, aber es herrschte ein äußerst reges geistiges Leben. So war unter Vatis Leitung eine Art Volkshochschule religiösen Charakters entstanden, es wurden Vorträge aus allen möglichen Fachgebieten gehalten – theologische, juristische, medizinische, kunstgeschichtliche usw.; dann fanden Sprachkurse statt, eine Bibliothek entstand, sodass jeder sich weiterbilden konnte. Vor allem aber war eine große Offenheit für Gottes Wort; Gott hat die Herzen der Seinen aufgeschlossen, und mancher durfte wieder neu zu Ihm finden. Da hielt unser Vater eine der fünfzig Auslegungen des Römerbriefes, sonntags hielt er Gottesdienste, zu denen bis zu zweitausend Mann kamen. Und das alles unter dem Sowjetstern. So kann Gott auf allerlei Weise wirken.

Auch als das Lager an die Polen übergeben wurde, durfte das religiöse Leben weitergehen. Mitte Oktober kam es zu einem plötzlichen Aufbruch. In entsetzlichen, qualvollen Märschen und Transporten kamen die Gefangenen zunächst in ein großes Lager in H[unleserlich]; von dort wurden sie in das ostoberschlesische Kohlenrevier verteilt, um für die Polen Grubenarbeit zu leisten. Unser Vater kam nach Wesseln, Kreis Pless, das ist in der Nähe von Kattowitz. In seinem Lager waren die bedingt Arbeitsfähigen untergebracht, sie hatten nur Über-Tag-Arbeit zu leisten. Er selbst war überhaupt so sehr ausgefüllt mit geistlicher Arbeit, dass er zu nichts anderem mehr kommandiert wurde. Die Verpflegung war sehr unregelmäßig und dürftig; denn der Pole hatte selbst nicht viel und war überdies ganz unfähig im Organisieren. So blieb manchmal die Brotzuteilung ganz aus; viele Kameraden wurden krank und starben in Folge der Erschöpfung. Und doch war es eine reiche Segenszeit; täglich wurde erfahren, wie Gebete erhört und äußerlich wie innerlich doch geholfen wurde. Mit großer Liebe und Dankbarkeit hingen die Kameraden an Vati, davon legten viele Briefe, die ich von Entlassenen erhielt, Zeugnis ab. Und so waren auch wir ruhig und getrost, da wir wussten, dass er im Lager seine von Gott gegebene Aufgabe hat. Seine Stubenkameradschaft durfte wirklich ein Zeugnis sein dafür, wie Gottes Geist eine menschliche Gemeinschaft gestaltet. Da leuchtete durch alle Not Gottes Herrlichkeit durch; es war Freude in allem Leide. Vaters Dienst galt auch ganz besonders

Tagebuch von Dr. Rosemarie Stroh

den Kranken und Sterbenden; ihnen durfte er Christus, den Todesüberwinder, verkündigen.

So willkürlich und verlogen die polnische Wachmannschaft verfuhr, so wohltätig und barmherzig war die polnische Zivilbevölkerung. Hier hatte der Hass seine Grenze; barmherzige Hände öffneten sich und retteten durch ihre Lebensmittelspenden die Gefangenen vor dem Hungertod. So hat eine gläubige Bäckersfrau eurem Vater große Mengen von Brot und Nährmitteln geschickt, aus denen er für die Kameraden eine Stärkung bereiten konnte.

Dass er selbst sein Übermaß an Arbeit – Gottesdienst, Bibelstunden, Vorträge, Seelsorge, Beerdigungen – leisten konnte, ist ein Wunder. »Der Mensch lebt nicht vom Brot allein, sondern von einem jeglichen Wort, das aus dem Mund Gottes geht.« Es ist etwas Großes, <u>ganz</u> auf Gott zu vertrauen, sich in jeder Minute allein von ihm abhängig zu wissen. Er, der allmächtig ist und alle Dinge durch sein Wort erhält, »kennt viel tausend Weisen zu retten aus dem Tod.« Und oft schenkt er über Bitten und Verstehen.

So kam ganz überraschend am 11. Januar unser Vati zur Tür herein! Arg abgemagert und elend sah er aus, aber fröhlich. Jubelnd hingen wir an ihm, und in einigen Wochen hat er sich schon wieder ganz ordentlich erholt. Jetzt verbringen er und wir vier Wochen im Tropengenesungsheim in Tübingen. Wir freuen uns unserer neu geschenkten Gemeinsamkeit, tauschen uns aus über alles Erlebte, hören auf Gott und lassen uns zurüsten auf neue Aufgaben. Denn wir sollen unsere liebe Gemeinde in Stuttgart verlassen und das Studentenpfarramt in Tübingen übernehmen.

Tagebuch von Dr. Rosemarie Stroh

Die Familie Stroh zog im Frühjahr des Jahres 1946 nach Tübingen in das Adolf-Schlatter-Haus der evangelischen Studentengemeinde. Dort organisierte Rosemarie Stroh mit mehreren Hilfskräften ein »großes Pfarrhaus«. Das hieß, dass häufig Gäste bewirtetet wurden, was in der Nachkriegszeit nicht einfach war.

Brief von Hildegard Hoevels (Jahrgang 1922), an ihre zukünftige Schwiegermutter. Die besonderen Umstände der Kriegssituation führten zu einer vorgezogenen Hochzeit mit Viktor Harms, Jahrgang 1920. Beide studierten Medizin, doch Hildegard wurde 1945, wie die anderen Medizinstudentinnen auch, nach dem fünften Semester nicht mehr zum weiteren Studium zugelassen, sondern als Krankenschwester dienstverpflichtet.
Hildegard Hoevels ist 1945 dreiundzwanzig Jahre alt.

Arnstadt [Thüringen], 11. 2. 45

Meine liebe Mami![88]
Jetzt hat es mich also doch geschnappt! Und zwar gleich in doppelter Hinsicht! Ja, du staunst, erst der Kommiss – und dann dein Sohn!!

Um mit vernünftigen Worten zu reden, seit dem 30. 1. bin ich als Schwesternhelferin Wehrmachtsangehörige und hier in einem Reserve-Lazarett angeblich zur OP-Ausbildung eingesetzt, um nach vier Wochen in ein Frontlazarett zu kommen. Mit der Polizei wollte man mich in Grebenhain[89] holen!! Wegen Befehlsverweigerung, denn die Landesstelle in Weimar war über das Gesuch von Herrn Dr. Geißler[90] gar nicht unterrichtet

---

[88] »Mami« ist die zukünftige Schwiegermutter, »Mutti« die Mutter von Hildegard.
[89] Hier war Hildegard Hoevels als Hilfe für den Landarzt Dr. Geißler dienstverpflichtet.
[90] Dr. Geißler hatte darum gebeten, dass Hildegard Hoevels weiterhin in seiner Praxis arbeiten durfte.

Brief von Hildegard Hoevels

worden. Ich setze mich kurz entschlossen auf die Bahn und fuhr nach Kassel zum Generalkommando, um die Angelegenheit klarstellen zu lassen. Das Gesuch war also endgültig abgelehnt, alle Medizinerinnen werden herausgezogen und in Lazaretts eingesetzt, als Ersatz für die Sanitätsdienstgrade. Ich durfte mir nur noch auswählen, ob ich eine OP-Ausbildung oder Röntgen haben wolle und habe mich dann fürs erste entschieden. Fünf Tage Urlaub habe ich noch herausgeschunden. Viktor bekam schnell ein Telegramm und obgleich ich es nicht zu hoffen gewagt hatte, hatte er Urlaub bekommen und konnte mich nun nach Weimar begleiten. Dort wurde ich noch fertig eingekleidet[91] und nach hier weitergeschickt. Den Abend haben wir noch ganz vornehm im Hotel Elefant gegessen und ich hatte sogar ein Bett dort bekommen, allerdings im Bad, aber immerhin! Und Viktor schlief im Hotel nebenan. Nach einer schrecklich umständlichen Reise langten wir dann am nächsten Abend hier an und fanden kein anderes Quartier als die DRK[92]-Baracke mit allerdings sehr freundlichen Schwestern. Viktor bekam sogar ein Offiziersbett mit Matratze[93], ich dagegen nur eine Trage zum Schlafen. Aber es ging auch so und am nächsten Morgen meldete ich mich dann bei der Oberschwester. Zunächst war Viktor, der mitgekommen war, mein Unglück. Der alte Drache von Oberschwester fand das unerhört. Schließlich sprach Viktor mit ihr und ich hatte den ganzen Tag noch frei. Und wir haben uns also noch mal schön zusammengesetzt und beratschlagt und

---

[91] Schwesternhelferinnen trugen als Wehrmachtsangehörige Uniform.
[92] Deutsches Rotes Kreuz
[93] Als kriegsversehrter Offizier

Hochzeitspläne geschmiedet!! Du kriegst wohl einen tollen Schrecken, oder hat Dir Viktor schon geschrieben!?! Weißt Du Mami, wir haben ja schon manchmal davon gesprochen, besonders Viktor fing immer wieder davon an. Aber ich wollte immer noch nicht, denn all meine Vorstellungen, die ich von der Einmaligkeit dieses großen Tages habe, und das Bild, das ich mir von einer rechten Ehe mache und dem dazugehörigen Familienleben, das konnte ich mir so schlecht in diese Zeit hineinbauen. Und Viktor ist noch nicht fertig mit seinem Studium, ich schwebe auch so in der Luft,[94] na, du kannst mich sicher verstehen, wenn ich immer wieder verschob. Zuletzt in Grebenhain hatte ich mich ja schon mit dem 1. Mai, unserm heimlichen Verlobungstag angefreundet. Aber jetzt haben wir uns gesagt, so schnell wie möglich. Und sieh mal, Viktor hat es in Kassel am Generalkommando erreicht, dass ich dort eingesetzt werde, wo er hinkommandiert ist, sodass wir also tatsächlich zusammenleben könnten. Wenn es auch unter ganz anderen Umständen sein wird, als wir beide es uns je erträumten, so wirst Du doch auch sagen, es ist die Hauptsache heute, wenn man beisammen sein kann. Sieh, wir sind doch nicht mehr allein und ein Mensch für uns, sondern gehören zusammen, wie es auch kommen mag. Wie viel leichter mag nun alles zu tragen sein, wenn wirklich der eine neben dem andern steht! Hast Du auch schon mal drüber nachgedacht, Mami, oder kommt Dir unser Wunsch und Plan ganz überraschend? Mutti schrieb mir, dass Vati, der ja eine prophetische Ader in diesen Dingen haben muss,

---

[94] Sie durfte nicht weiterstudieren.

Brief von Hildegard Hoevels

schon vor einiger Zeit brieflich eine diesbezügliche Andeutung gemacht habe. Dass er nun wieder nicht dabei sein soll,[95] tut mir ja richtig weh. Aber du, Mami, musst es unbedingt erreichen. Wir rechnen damit, dass wir so in vier bis sechs Wochen die Papiere zusammen haben. Das wäre also Mitte März. Habt ihr da irgendwo einen denkwürdigen Familientag? Sonst fände ich den Frühlingsanfang schon ganz schön, aber das ist erst am 21. Glaubst Du, dass es mir gar nicht so leicht fällt, all die Träume vom großen Hochzeitsfest, Schleier u. Schleppe, Hochzeitsreise und nette kleine Wohnung aufzugeben. Vielleicht klingt es ja sogar überspannt, dass ich dergleichen noch ausspreche, denn wann wird es so etwas mal wieder geben und wie unwichtig und nichtig ist es doch im Grunde! Die Hauptsache ist doch, dass man sich richtig lieb hat und ich glaube, Mami, da zweifelst du doch bei uns nicht mehr?! Und dass wir zusammenhalten werden, der eine dem andern hilft, wie er nur kann! Ach, Mami, freu dich mit uns, ich klammere mich ganz an die Vorfreude, denn hier ist es wirklich alles andere als schön und man hört auch sonst nur trauriges Geschehen. Du glaubst nicht, wie sehr Viktor mir hier geholfen hat. Ich konnte mich gar nicht an den Kommiss gewöhnen. Und nun lag ich auch gleich acht Tage an Grippe ganz verlassen hier in meinem Feldbett. Unsere Unterkunft ist sehr primitiv und die Arbeit reine Helferinnenarbeit. Auf Station und ein bisschen im OP. Von OP-Ausbildung hab ich noch nichts gemerkt. Na, es soll mich ja alles nicht so stören, wenn ich möglichst bald bei Viktor in Würzburg

---

[95] Er hatte schon die Verlobung nicht mitfeiern können.

Brief von Hildegard Hoevels

oder Marburg bin, eventuell wollen wir nämlich nach Marburg zurück. –

Gestern kam ein Brief von dir vom Januar, der alle Umwege gelaufen war. Viktor konnte mir ja von Hannover erzählen – wie schön war doch Weihnachten! Mutest Du Dir mit Deinem Dienst[96] nun auch nicht zu viel zu? Kannst Du nicht eine Dienstreise zu unserer Hochzeit kriegen? Ob Lili kommen kann, Viktor wird das ja in die Hand nehmen. Bitte schreib mir doch mal, ob Du von Claus und Brigitte gehört hast. Ist Brigitte vielleicht zu Marianne geflüchtet? Nanni wird ja böse sein, dass Buni und Muschi[97] nun nicht Blumen streuen können in der Kirche. Aber wie soll man das einrichten. Wir müssen uns doch sehr beschränken. Und ich finde es auf einmal auch am allerschönsten, wenn wir nur ganz wenige Menschen sind, die umso mehr zusammengehören. Ob du da nun mehr von mir haben wirst als an Weihnachten, Mami? Du schreibst davon! Aber weißt Du, so furchtbar viel ist an mir gar nicht zu haben, ich bin, glaube ich, bin so, wie ich aussehe. Nur bis ich alle Türen weit aufmache, das kann manchmal ein bisschen länger dauern und geht oft im Brief besser, als wenn ich einem Menschen gegenüber stehe. Du hast das sicher auch schon gemerkt. Bitte versteh mich recht und behalt mich lieb, wenn ich nun bald richtig Deine (Schwieger)tochter werden will!!

Viele liebe Grüße von heute
von Deiner Hildegard

---

[96] Litta Harms arbeitete ehrenamtlich bei der Bahnhofsmission.
[97] Lili, Claus, Brigitte, Marianne, Buni und Muschi sind Verwandte.

Brief von Hildegard Hoevels

Die Heirat fand noch im Jahr 1945 statt. Hildegard Harms beendete ihr Studium vier Jahre später und arbeitete als Mutter von vier Kindern zeitweise als praktische Ärztin.

Briefe von Johann Vollmer (1903–1969), Fährmann und Fischer in Oberwinter am Rhein, von 1944 bis Ende 1946 in Gefangenschaft in Schottland. Die Briefe sind an seine Frau Ruth Vollmer gerichtet, haben aber zum Teil andere Adressaten oder auch andere Absender. Da die Gefangenen nur eine begrenzte Anzahl von Briefen schreiben durften, hat Johann Vollmer von anderen Briefkontingente gegen Naturalien eingetauscht. Auf diese Weise wollte er die Chancen erhöhen, dass wenigstens der eine oder andere Brief ankam.

Johann Vollmer ist 1945 zweiundvierzig Jahre alt.

England, 18. 1. 1945

Meine liebe Frau.[98] Hoffentlich kommt bald Post von Dir, ich hab doch so Sehnsucht nach einem Zeichen aus der Heimat, weiß ich dann doch, dass Du noch am Leben bist. Ich werde die Sorgen um euch nicht los, tu nur alles zu Deiner Sicherheit, was Du nur kannst. Und bleib bitte möglichst zu Hause, bleib von Bonn weg, ich will doch, wenn alles Grausige vorbei ist, Dich wieder sehn. Und schreib mir viel, einmal ist die Laufzeit doch überbrückt. Schreibe mir nur Persönliches oder was Geschäftliches, damit nur kein Brief in Verlust gerät, da die Kriegsereignisse mir bekannt sind, bitte ich Dich nichts Derartiges zu schreiben. Ebenfalls bitte ich Dich mir kein Paket zu

---

[98] Johann Vollmer schreibt seine Briefe fast ohne Absätze, um möglichst viel auf den ihm zustehenden zwei kleinen Seiten unterzubringen.

schicken, wenn Du nicht viel hast, und bitte keine Rauchwaren senden, da ich jetzt genug erhalte. Nun, liebe Ruth, möchte ich etwas anderes schreiben, und bitte Dich um Folgendes. Besorge Dir mit allen Mitteln 300 Bausteine, einige Sack Zement sowie etwas Sand, und bringe, wenn Du dein Haus verlassen musst, alles Bewegliche und Wertvolle in den Bierkeller, und stapele ihn ganz voll, auch die Schiffchen und den kleinen Bootmotor, und vermaure mit Deines Vaters Hilfe den Eingang zum zweiten Keller gut und stark zu. Zum Schluss mauert ihr noch eine starke Wand vor die Eisentüre zum Kleiderraum, dass die nicht geöffnet werden kann, um jedem Diebstahl vorzubeugen, und nehmt keinen Kalk, sondern nur Zement. Bringe überhaupt die Hälfte deiner Kleider und Wäsche zu Deinen Eltern und bleibe zur Not dort, wenn es nicht anders geht, und lasst euch nicht wegschicken. Nun, liebe Ruth, küsse ich Dich im Stillen, und einmal komm ich doch wieder. Grüße alle von mir, und einen Kuss fürs Ruthchen[99].

An die Schwiegereltern

England, 18. 1. 45

Meine Lieben. Herzliche Grüße aus der Ferne, euer Johann, ich bin gesund und hier gut aufgehoben und warte nur mit Sehnsucht auf den Tag, der mich wieder zur Heimat bringt. Hoffentlich ist bei euch noch alles im Lot,

---

[99] Die zehnjährige Tochter

und bitte ich euch, den Brief an Ruth abzugeben. Meine liebe Frau. Ich freu mich ja immer, wenn ich Dir schreiben kann, ich hab Dir ja immer soviel mitzuteilen. Wenn Dein Geschäft nicht mehr tragbar ist und Du schließen willst, so gebe alle Lasten an, die auf Dir ruhen. Ebenfalls müssen die Behörden die Fischereipachten zahlen, wenn nicht, schreibe es mir, ich mach dann Luft[100] über das Rote Kreuz. Lass Dir unter keinen Umständen etwas gefallen. Was macht Fischer Huth? Bringt er Dir noch Fische? Du kannst jedem, der zur Hälfte für Dich fischt, einen gebührenfreien Vertreterschein ausstellen, am besten kurzfristig, bringt er keine, dann keinen Schein mehr ausstellen. Wenn Du die Pacht ersetzt bekommst und Du die Linzer[101] Fischerei hältst, so zieh soviel Nutzen heraus, wie es nur geht. Und mach alles so, wie Du es für richtig hältst, ich möchte Dir gern alle Lasten abhalten, wenn ich es nur könnte. Mit der Jagd hat vielleicht Heinz Peters[102] oder Euskirchen einen Ausweg gefunden, oder es kommt vielleicht einer auf Urlaub. Schreibe mit bitte, wie alles läuft, und was Vater mit der Fähre macht, ich hab immer Angst, ich sähe ihn nicht mehr. Grüße ihn bitte von mir. Und schreibe mir soviel Du kannst, ich tu es auch, ich warte mit Sehnsucht auf das erste Schreiben von Dir. Herzlichen Gruß und Kuss, Dein Mann. Gruß ans Ruthchen.

---

[100] Vielleicht »Druck«?
[101] Fischereigebiet bei Linz, südlich von Oberwinter
[102] Jagdkamerad

Briefe von Johann Vollmer

Gefangenenlager, 25. 1. 45

Meine liebe, liebe Frau. Sehnsüchtig warte ich auf ein Lebenszeichen von Dir, leider aber warte ich vergebens, ich glaube bald, dass es Ostern darüber wird. Die Sehnsucht und die Sorge um Euch verdichtet sich bei mir derart, dass ich immer stiller werde. Darum musst Du mir dauernd schreiben, damit immer Briefe unterwegs sind. Ich schreibe Dir auch, soviel mir Post zur Verfügung steht, weiß ich doch, wie Du gelitten hast, bis Du das erste Schreiben von mir erhalten hattest. Hoffentlich führt das Schicksal nur wieder zusammen, was es voreilig getrennt hat. Was macht unser Ruthchen? Hoffentlich hast Du sie nicht weggegeben. Halte sie, wenn eben möglich, bei Dir und geht in Sicherheit, wo Ihr nur könnt. Und lass Dir nichts gefallen, wo ich Dich ohne Schutz zurücklassen musste, und merke Dir jeden, der Deine Not ausnützt, denn einmal hoffe ich doch zurück zu kommen. Und nun möchte ich noch einmal dasselbe schreiben, und zwar besorge Dir mit allen Mitteln 300 Bausteine, einige Sack Zement sowie etwas Sand, für folgenden Zweck. Solltest Du Dein Haus verlassen wollen, so bring vorher alles Bewegliche an Möbeln und Hausrat in den Bierkeller, auch die Schiffchen und den kleinen Bootsmotor, und stapele alles gut zusammen. Dann vermaure mit Deines Vaters Hilfe den Eingang zum zweiten Keller gut und stark mit Zement, so ebenfalls vor die Eisentüre zum Kleiderraum eine Steinmauer hinsetzen, um jedem Diebstahl vorzubeugen. Gehe zur Not, wenn es nicht anders geht, zu Deinen Eltern, und nimm die Hälfte Deiner Wäsche und Kleider mit. Liebe Ruth, grüße alle Lieben von mir, besonders den Vater zum Namenstage im März, und lass Dich im Stillen küssen von Deinem Johann, der Sehnsucht nach Dir hat.

An die Nachbarn, mit falschem Absender und mit anderer Schrift

England, 25. 1. 45

Lieber Jakob. Hoffentlich bist Du noch zu Hause, und kannst Deine Beine noch unter Mutters Tisch setzen, ich gönnt es Dir von Herzen, oder bist Du auch Soldat? Schreibe mir noch bitte, ich würde mich darüber freuen, und nun bitte ich Dich, den Brief im Fischerhaus abzugeben. Meine Lieben. Indem ich hoffe, dass Ihr noch alle gesund seid, grüße ich Euch aus der Ferne, mir geht es gesundheitlich sehr gut, ich warte nur mit Sehnsucht auf einen baldigen Frieden, der mich wieder zu Euch bringen würde. Was macht Wilhelm und Dein Bruder? Ich bin ja so begierig etwas von Euch zu hören. Und was macht der arme Oppa[103], gib ihm bloß Wein, wenn es Dir nur möglich ist. Ich bat Dich kürzlich, Du möchtest mir keine Rauchwaren schicken, tu es bitte doch, aber nur, wenn es Dir möglich ist, ebenfalls bitte ich Dich um etwas Marmelade in Büchsen. Leider bin ich noch ohne Post von Dir, einmal muss sie doch eintreffen, und wie freu ich mich darauf. Dem Oppa wünsche ich alles Gute zum Josefstag, hoffentlich bleibt er bei Kräften, bis ich zurückkomme, um ihm das Schlimmste abzunehmen.

---

[103] Vater von Johann Vollmer

Ich wünsche Euch alles Gute und hoffe euch bei guter Gesundheit wiederzusehen. Gruß und Kuss Franz.

Gefangenenlager, 12. 2. 1945

Meine liebe Frau und Kind. Mit Sorge und Spannung habe ich in den letzten Tagen die Lage in meiner Heimat verfolgt, und habe auch einige Bilder von Remagen in der Zeitung gesehen. Ich glaube, dass unsere Gegend trotz allem noch einigermaßen gut abgekommen ist, und hoffentlich bist Du geblieben und die andern blieben auch, dass Ihr nun Ruhe habt. Ob unser Haus noch an der Straße steht, weiß ich nicht, wenn nur Du und das Kind mir geblieben seid, bin ich zufrieden. Vielleicht wart ihr an den schlimmen Tagen im Kallmuthtal bei den Eltern, bis alles vorüber war und hoffentlich brauchten die Unkeler nicht weg. Bei mir ist ein Soldat aus Bruchhausen, Karl Frings, von Beruf Koch, wir beide haben großes Interesse an den Ereignissen, die sich jetzt in der Heimat abspielen. Wenn dieses Schreiben Dich erreicht, ist der Krieg vielleicht schon zu Ende, alle andere Not wirst Du schon überstehen, bis ich einmal wiederkomme. Ich bitte Dich sofort nach Erhalt dieses Briefes Schritte zu meiner vorzeitigen Entlassung vorzunehmen. Versuche sofort, durch die Behörden ein Gesuch laufen zu lassen mit der Begründung der Fischereien, der Fähre und der Fischwirtschaft, wenn dieselbe noch steht, und mit meiner Einstellung[104], und suche Dir dazu gute Bekannte

---

[104] Gemeint ist wohl die politische Einstellung, siehe auch den Brief vom 22. April 1945.

PRISONER OF WAR POST
KRIEGSGEFANGENENPOST

Army Form No. W.3494

PASSED P/W

ADRESSE

An Frau Ruth Vollmer
Empfangsort (22) Oberwinter Rhein
Kreis Ahrweiler
Strasse Fischerhaus
Land Deutschland

Absender
Vor und Zuname: Johann Vollmer, Oberpionier
Gefangenennummer: B.68293
Lager-Bezeichnung No. 188 P.O.W. Camp
Great Britain

KRIEGSGEFANGENENLAGER Datum 6. März 1945

Meine Lieben: Bin in grosser Sorge um Euch alle, und muss warten was das Schicksal mir Furchtbares bringen wird. Ich will gern auf alles Eigentum verzichten, nur nicht auf Dich und das Kind. Hoffentlich habt Ihr Euch in Sicherheit gebracht, ehe es zu spät war. Nun muss ich warten, immer und immer warten, bis ich einmal Nachricht aus der Heimat bekomme, und was mag es sein. Sollte Dich die Karte erreichen, so seit gegrüsst und geküsst von eurem Johann.

Johann Vollmer an seine Frau Ruth

aus, die Dir helfen können. Wenn Du und das Kind mir geblieben seid, dann habe ich auch gewonnen, dann wird frisch angefangen, wenn ich wiederkomme. Da alle Last auf Deinen armen Schultern ruht, bitte ich Dich alles in Deinem Sinne zu regeln, was es auch sein mag, ich bin mit allem einverstanden, was Du tust, und helfet euch untereinander in der Not. Schreibe mir immer, nur schicke kein Paket, mir fehlt nichts, nur Eure Liebe. Herzliche Grüße an alle, und besonders an Dich, Dein Johann.

Ostersonntag, 1. 4. 1945

Heute ist Ostern und immer habe ich noch kein Lebenszeichen von Dir, vielleicht hast Du überhaupt noch keine Nachricht von mir, wer kann es wissen. Wenn Du aber dieses Schreiben in Händen hast, dann lebst Du, dann hat dieser schreckliche Krieg Dich verschont, wüsste ich es bloß. Mein Kopf tut mir weh vom ewigen Denken und Grübeln und ich komme zu keinem Ende. Körperlich gesund kranke ich seelisch an dieser Ungewissheit und weiß, dass Du dasselbe durchmachen musstest. Dabei mach ich mir so viele Gedanken, was ich noch all für Deine Sicherheit hätte tun können und habe Dir vielleicht so vieles Falsche geraten, verzeih mir, ich konnte auch nicht alles wissen. Die Angst um Euch schnürt mir die Kehle zu, und warum musste unsere Gegend zum Hexenkessel werden. Anfangs hatte ich Hoffnung, aber es dauerte zu lange und Du musstest sicher weg, aber wohin. Ich will gern auf alles verzichten, was ich besaß, nur nicht auf Dich und das Kind. Heute Morgen hörte ich Osterglocken läuten, wie hing mein Herz in heißer Sehnsucht bei Euch am Rhein. Was mag der arme Oppa und die andern all mitgemacht haben, und ich glaube, dass ich nicht alle wiederseh. Hoffen und nochmals hoffen ist das einzige, was übrig bleibt. Wenn Du wirklich noch in Deinem Hause bist, so ordne alles, wie Du es für richtig hältst, mir ist alles recht, was Du tust, ich will Dich ja nur wiedersehn, ganz gleich, unter welchen Verhältnissen.

22. April 45

Meine liebe Frau. Nun blühen zu Hause die Kirschbäume, wüsste ich doch bloß, wie es unter dem Weiß aussieht. Ich habe doch solche Sehnsucht nach Dir und dem Rhein. Hätte ich bloß Post von Dir, ich glaube bald nicht mehr daran, jedenfalls gibt es noch eine schlimme Wartezeit für mich. Die Hoffnung allein hält mich hoch, dass Du und das Kind auf den Vater wartest, sonst wär ich nicht mehr hier. Was ist in solch einer schlimmen Zeit das ganze Leben denn noch wert. Alles will ich gern abschreiben, was mir an Gegenständen gehörte, wenn Ihr beide mir nur bleibt. So oft hast Du gemeint, das Gegenteil wäre der Fall, Du siehst wie es im Ernstfalle ist. Wenn wir wieder zusammen kommen sollten, dann ist mir jedes Leben recht, wenn auch ohne Wagen und sonstige Vergnügungen, selbst ohne Wirtschaft. Nur noch die letzten Jahre in Frieden beisammen bleiben, die uns das Leben vielleicht noch bietet. Wie ich diesen Krieg hasse, der uns alles zerschlagen hat, und wie hasse ich dieses braune Gesindel, die uns diesen Krieg aufgehalst haben. Es ist der einzige

Trost, dass ich dieses früh genug eingesehen hatte, ich bin an diesem Krieg nicht mit Schuld. Versuche zu Hause, wenn du in etwas Schwierigkeiten hast, darauf hinzuweisen, Du kennst ja alle meine Freunde, die jederzeit für mich eintreten. Und denke auch an meine Angelegenheit mit Dir und Vater, hoffentlich hast Du mit dem alten Schneid gesprochen.[105] Ich brauch ja nichts mehr, es täte mir doch so leid, wenn Euch durch mich etwas passierte. Was mag der arme Vater machen, ob er wohl noch lebt, und nun all diese Prüfungen, er wird sich wohl nicht mehr erholen davon. Ja, liebe Frau, was weiß ich von der Heimat, wer weiß, was Du, das Kind und die andern all habt mitmachen müssen. Nun ist vieles zu spät, nun gibt es nur noch ein Hoffen, und wie mag die Wirklichkeit wohl aussehen. Grüße alle Lieben von mir, und lass Dich küssen von Deinem Mann. Gruß an Ruthchen.

An das Hausmädchen der Familie, mit fremdem Absender

26. 4. 1945

Liebes Julchen und Angehörige. Habe nun schon so oft nach Euch allen geschrieben ohne bisher Antwort zu erhalten. Nach den Ereignissen, die sich dort Anfang März abgespielt haben,[106] finde ich keine Ruhe mehr. Heute

---

[105] Es geht um Vereinbarungen in Sachen Fischereipacht; Johann Vollmer meint, dass er hier einen Fehler gemacht hat. Genaueres ist nicht mehr bekannt. »Der alte Schneid« war ein Freund und Ratgeber der Familie.
[106] Am 7. März erreichten die amerikanischen Truppen Remagen (Oberwinter liegt nur wenige Kilometer nördlich von Remagen). Sie

weiß ich es, dass an der Straße[107] für Euch kein Bleiben mehr war, und hoffentlich habt Ihr Euch zurückziehen können. Und hoffentlich ist Unkelbach[108] verschont geblieben und Ihr brauchtet nicht wegzulaufen. Die Ungewissheit lähmt mich und lässt mich nicht zur Ruhe kommen. Bitte Euch, mir doch zu schreiben, ganz gleich, wie es für mich ausfällt. Wenn Ihr nur gut durchgekommen seid, dann bin ich schon zufrieden, gern will ich auf Hab und Gut verzichten. Schreibe noch etwas für meine Frau, hoffentlich lebt sie noch, und bitte Euch den Brief Ihr zu geben. Herzlichen Dank dafür, und hoffe Euch alle wiederzusehn. Liebe Ruth und Töchterchen. Immer wieder muss ich Dir schreiben, wie ich mich um Euch sorge, ich komme nicht zur Ruhe, und immer wieder muss ich Dir versichern, dass ich gern auf unser Häuschen verzichte, wenn Ihr mir nur geblieben seid. Nichts kann mich mehr erschüttern als Euer Verlust, alles andere ist zu ersetzen. Und wenn Du bloß keine Last durch mich hattest, ich wünschte es nur. Schreibe mir nur immer und gräme Dich nicht, wenn Du alles verloren hast, und halte alles von dir fern, was Dich und die andern stören könnte. Richte Dein Leben so ein, wie es einigermaßen für Euch beide erträglich ist, und wenn es noch so ärmlich ist. Ich will und muss ja noch hoffen, dass Ihr mir geblieben seid, sonst find ich auch nicht mehr weiter. Hoffentlich hat

---

überqueren noch am gleichen Tag die strategisch wichtige Ludendorffbrücke. Von den anschließenden Kämpfen mit deutschen Soldaten war die Zivilbevölkerung stark betroffen.

[107] Das Gast- und Wohnhaus der Familie liegt an der Straße am Rheinufer.

[108] Ein etwa zwei Kilometer von Oberwinter entferntes Dorf, in dem die Familie unterkam.

Schneid Dir etwas beiseite gestanden, ich bat Ihn darum, wenn's nur noch zeitig war. Grüße Julchen und Ihre Angehörigen von mir und hoffentlich seh ich zu schwarz. Grüße und Küsse an Dich und das Ruthchen, euer Vati. Grüße alles, was von unsern Lieben noch lebt.

Johann Vollmer musste fast ein Jahr auf Nachricht von zu Hause warten, weil die Briefe seiner Frau ihn nicht erreichten. Nach der Rückkehr aus der Gefangenschaft nahm er seine Arbeit wieder auf. Das Ehepaar baute die Gastwirtschaft aus, die später dann von der Tochter übernommen wurde.

Briefe von Ruth Vollmer (1908–1980), geborene Bachmann, Gastwirtin, an ihren Mann, Johann Vollmer. Diese Briefe kamen wieder zurück, umgekehrt kamen auch seine Briefe oft viel später oder gar nicht an. Ruth Vollmer betrieb während der Abwesenheit ihres Mannes zusätzlich zur Gastwirtschaft noch die Fischräucherei des Ehepaares.

Ruth Vollmer ist 1945 siebenunddreißig Jahre alt.

Fischerhaus, 1. März 1945

Lieber Johann, ich will noch einmal den Versuch machen und an Dich schreiben, vielleicht, dass der Brief dich erreicht. Einen Brief habe ich schon an Dich abgeschickt, und zwar habe ich die Adresse von Frau Rivet in Unkel[109], du solltest ja mit ihrem Sohn zusammenliegen. Es wäre ja sehr schön, wenn es stimmte, und Du wärst mit einem Unkeler zusammen, ich würde mich für Dich mitfreuen, es wäre doch ein Stückchen Heimat. – Von Dir habe ich, außer der einen weißen Karte, die ich am 1. Dezember erhielt, noch nichts gehört. Es war ja eine Erlösung, wie die Karte kam, die Kompanie hatte Dich mir als vermisst zugestellt, es war kein schöner Zustand, wie Du Dir wohl denken kannst. Nun warte ich schon all die Zeit auf weitere Nachricht von Dir, bisher aber leider immer vergeblich. Ich nehme ja an, dass Du mir schon öfter geschrieben hast, aber es geht ja sehr viel Post verloren. Hier ist so

---

[109] Unkel liegt gegenüber von Oberwinter auf der anderen Seite des Rheins; dort wohnen die Schwiegereltern von Ruth Vollmer.

Briefe von Ruth Vollmer

ziemlich noch alles wie Du es verlassen hast. Nur im Lokal sind die Fenster mit Brettern vernagelt. Effelsbergs haben eine Zeit lang hier gewohnt, aber sie sind jetzt wieder in ihrem Haus. Ehlerts sind fortgezogen, und Harfs[110] haben auch eine Zeit lang woanders gewohnt. Sie sind aber jetzt wieder hergezogen. Im Keller[111] haben wir zweimal Hochwasser gehabt, einmal vor Weihnachten, und einmal jetzt im Februar. Beide Male haben wir ihn leergeräumt. Es war ein schönes Stück Arbeit. Augenblicklich können wir wieder rein, aber wir haben noch nicht alles wieder unten, es ist noch zu nass. – Eben war Herr Illing[112] da, ich soll Dir viele Grüße von ihm bestellen, ich hatte ihn lange nicht mehr gesehen. Er wohnt jetzt in Neuenahr, und er hat mir erzählt, dass Peter Reinardy jetzt in Ahrweiler wohnt. Ich freue mich immer, wenn ich von unseren alten Freunden noch mal höre. – Herr Friedrichs war ja jetzt zwei Wochen nicht hier, ich muss mich sehr wundern.[113] Allerdings war es mir sehr recht, ich bin krank gewesen vierzehn Tage, und heute bin ich zum ersten Mal wieder auf. Es will noch gar nicht klappen, und ich bin froh, wenn ich nachher wieder im Bett bin. Du würdest staunen, wenn Du mich sehen würdest, so sehr habe ich abgenommen, ich glaube, ich wiege nicht mehr wie hundertfünfundzwanzig Pfund. Aber es gereicht mir zum Vorteil, ich bin viel jünger geworden. Nur meine Sachen passen mir alle nicht mehr, es hängt alles an mir runter. Kein Mantel und kein Kleid mehr, scheußlich sehe ich in

---

[110] Effelsbergs, Ehlerts und Harfs sind Nachbarn.
[111] Luftschutzkeller
[112] Bekannter vom Ehemann
[113] Er kam sonst jede Woche, um Aale zum Räuchern zu bringen.

allem aus. Na ja, es wird sich wohl hoffentlich einer finden, der es mir wieder zurechtmacht. – Jakoch[114] ist noch hier, und Heinz[115] war vor kurzem hier in Urlaub, er ist noch in Wien. Wilhelm[116] ist jetzt übrigens auch in der Nähe von Wien. Und nun, lieber Johann, will ich schließen. Hoffentlich höre ich bald von Dir. Soll ich Dir etwas schicken? Hättest Du einen besonderen Wunsch? Schreib es mir bitte. Für heute herzliche Grüße
Ruth

Ruth und Julchen lassen herzlichst grüßen.

Oberwinter, Dezember 1945

Lieber Johann. Gestern erhielt ich Deine liebe Karte vom 3. November. Nun weiß ich, dass Du endlich unsere Nachricht erhalten hast, und ich bin sehr froh, dass Du nun weißt, dass wir noch alle leben, und dass alles ziemlich gut über uns hinweg gegangen ist. Wir wollen nicht klagen und dankbar sein für das, was uns verblieben. Vielen anderen ist es schlimmer ergangen, vor allem haben wir noch ein Dach über dem Kopf, das ist wohl das wichtigste. Über Deine Sportsachen[117] beruhige Dich, es ist alles in Ordnung. Deinen Eltern geht es gut, nur Vater wartet sehnsüchtig auf Dich, das Fahren [der Fähre] wird ihm doch bald zu viel. Wilhelm ist in russischer

---

[114] Jakob Effelsberg, Nachbar
[115] Heinz Peters, Freund der Familie
[116] Schwager von Ruth Vollmer
[117] Wahrscheinlich die Jagdgewehre

Gefangenschaft, Fritz Rosenstock[118] ist hier, ebenfalls Heinz Peters, Engelbert ist in französischer Gefangenschaft, so lang wie Du, nur von Friedel fehlt noch jede Nachricht, und die Eltern[119] haben vergangene Woche hier fortgemusst, wohin, ich weiß es nicht, es tut mir so leid.

Gruß und Kuss,
Deine Frau

Bis zur Rückkehr von Johann Vollmer Ende des Jahres 1946 hielt Ruth Vollmer den Betrieb aufrecht. Sie lernte Englisch, um mit der englischen Besatzung Geschäfte machen zu können.

---

[118] Wilhelm und Fritz Rosenstock sind Schwager von Ruth Vollmer.
[119] Eltern von Ruth Vollmer. Sie waren in Wuppertal ausgebombt und im April 1945 in Unkelbach, etwa zwei Kilometer von Oberwinter, untergekommen, wohin auch Ruth mit ihrer Tochter geflüchtet war.

Auszug aus einem Tagebuch von Katharina Brömse (1912–1997), geborene Lanz, Rechtsanwaltsgehilfin, verheiratet mit Peter Brömse (1912–2004), Musikwissenschaftler. Peter Brömse war von 1944 bis Ende 1949 in russischer Gefangenschaft und galt im April 1946 als vermisst. 1945 wurde Katharina Brömse zusammen mit ihrem zweijährigen Sohn Michael aus der damaligen Tschechoslowakei ausgewiesen.
Katharina Brömse ist 1945 dreiunddreißig Jahre alt.

Pfronten [Bayern], 10. April 1946

Ich bin so vereinsamt hier und die Sorgen um dich[120] und die Mutter[121] drücken sehr. Da habe ich vergangene Nacht den Entschluss gefasst, mich wiederum dem Papier anzuvertrauen. Es ist länger als ein Jahr, dass ich es zuletzt getan habe. Was sich in dieser Zeit zugetragen hat, war überwältigend. Schwer, es zu verarbeiten – noch schwerer, damit fertig zu werden. Und schwer auch, es zu Papier zu bringen. Deshalb dieses lange Schweigen. Jetzt möchte ich alles nach und nach los werden, zugleich aber festhalten – für dich und Michael.

Im November habe ich die letzte Eintragung ins Tagebuch für dich gemacht – November 1944. Es ist bei Marianne[122] in Verwahrung. – Nach Mitte Dezember fuhren wir nach Prag für ein paar Wochen. Trauriges

---

[120] Ihren Ehemann
[121] Mutter von Peter Brömse, auch »Dame« genannt. Sie war noch in Prag und kam erst Ende 1946 nach Pfronten.
[122] Jüngere Schwester von Katharina Brömse

Weihnachten ohne Dich und ohne zu wissen, wo du bist und ob du lebst – aber mit Haltung auch von Seiten der tapferen, guten alten Dame. Zur Verstärkung hatten wir Lin und Erna eingeladen – schon zur Bescherung. Michael reich beschenkt mit Spielsachen: Ich erinnere mich besonders an ein wirklich schönes Stoffkrokodil mit schillernden Augen von Lin und lache noch jetzt, weil er meinte: Zum Spielen wär's fast zu schade, es würde sich vielmehr als Zierde auf einer Couch gut ausnehmen. Von Dame ein Stoffelefant mit giftgrüner Schabracke mit Goldborten. Rüssel aus weißem Glacisleder. Sie hat es selbst gemacht. Und ein »Fizlibuzli«[123]!

Letztes, festliches, trautes Weihnachten in Prag – wir hatten es nicht gewusst. –

Trüber Sylvesterabend, ohne zu feiern. Uns fiel nur auf, dass die Tschechen in den Nebenwohnungen diesmal besonders laut und übermütig feierten. Sie hatten auch Grund dazu. Alle Rundfunknachrichten waren niederschmetternd für uns. – Wir lagen in unseren Betten und fanden uns nur zur zwölften Stunde bei einem selbstgebrauten Fliederbeerwein zusammen.

Schon die letzten Jännertage[124] brachten die katastrophalen Einbrüche der Russen im Osten, – unaufhaltsam kamen sie immer näher – unfassbar alles. Im Westen das Gleiche. Flüchtlingsströme aus dem Osten ergossen sich auf das Sudetenland. Ich bekam erschütternde Bericht von Grete Scheufler aus Reichenberg.[125] Prag war nur Durchreisestation – aber auch hier erschütternde Bilder

---

[123] Kinderschreck; kleines Ungeheuer
[124] Januartage
[125] In Reichenberg war die Wohnung der Familie Brömse. Zeitweise

in der Nähe des Bahnhofs. Ich sah die ersten Verwundetenautos. Alles hatte schon den Eindruck, als wären wir Etappe. Zwischendurch Einladung bei Keilberths mit Liesl Wanka und Blackie. Ich bewunderte die so unerhört geschmackvoll eingerichtete Wohnung, jeder kleinste Gegenstand sorgfältig gewählt und auf alles übrige abgestimmt. Ingeborgs alleiniges Verdienst. Mit ihr war ich nach einem sehr anregenden alleinigen Besuch in Reichenberg auf Duz-Fuß geraten. Wir hatten uns herzlich angesprochen und wollten Freundschaft halten, uns gegenseitig öfter besuchen.

Liesl und Blackie besuchten uns öfter in unserer Wohnung. Oft zweimal in der Woche. Immer das Thema: »Was wird?«

Telefongespräche mit Reichenberg von Nordbergs[126] aus, auf die ich fast den ganzen Tag warten musste. Ich muss noch eine dringende Kiefernhöhlenoperation in Prag hinter mich bringen; und die Reichenberger raten mir aber immer dringender, zurückzukehren. Es ist wegen der Wohnung – sie muss sonst ohne mich Flüchtlingen zur Verfügung gestellt werden. Bei einem dieser Telefongespräche erster Luftangriff auf Prag. Frau Nordberg ist mit dem Kind schon im Keller, Herman und ich überlegen noch, ob wir auch hinuntergehen – da hört man die ersten Detonationen und [wir] sind wie der Blitz unten. Frau Nordberg und alle anderen Frauen aufgeregt; das macht mich merkwürdigerweise immer beherrschter und ruhiger. Ich denke bange daran, dass Dame und Micherl allein in

---

lebten Katharina und Michael auch bei der Großmutter in Prag-Dewitz.
[126] Bekannte, die ein Telefon besaßen.

Tagebuch von Katharina Brömse

Dewitz sind und wo die Bomben wohl gefallen sein mögen? Und zwinge mich, nicht weiterzudenken, sich nichts ausmalen. Von der Wirklichkeit werde ich mich nachher überzeugen – bis dahin hoffe ich. Nachher hört man es: Der Karlsplatz, die Umgebung des Emmausklosters und das anschließende Moldau-Ufer ist betroffen. Am schwersten hat's der Karlsplatz davongetragen. Emmaus ziemlich arg ausgebrannt. In der allernächsten Nähe wohnt meine liebste Schwester Marianne. Man kann nicht hin – alles abgesperrt. Am nächsten Tag gelingt es mir als Außenstehende durchzuschlüpfen. Wie ich immer näher zu Mariannes Wohnung komme, fällt mir mehr und mehr das Herz in die Hosen und die Füße wollen mich nimmer tragen. Es sieht wüst und hoffnungslos aus. Aber als ich um die letzte Ecke biege – oh Wunder! Gerade die Häuserreihe mit Mariannes Wohnung kaum beschädigt. Am Haus selbst zwar zerbrochene Fensterscheiben und Spuren vom Bordwaffenbeschuss – aber man kann das Beste hoffen. Und es ist auch gottlob so. Also hab ich wieder meinen Seelenfrieden und kehre nach Dewitz zurück.

Es folgt Alarm auf Alarm – Tag und Nacht. Micherl kriecht in der Nacht immer zum Herrn Brunner ins Bett – die wohnen neben dem Keller – so hat er's warm. Überhaupt ist es angenehmer bei Brunners als im Keller und wir können auch den Drahtfunk verfolgen – der übrigens ins Reichenberg viel aufschlussreicher ist.

Inzwischen habe ich auch die längst fällige Kiefernhöhlenoperation überstanden. Es war eine blutig Nervenangelegenheit – ich war lokal betäubt und so meißelte, schabte und kratzte Dr. Charousek – ein Piffl-Schüler – an mir, wie am fremden Objekt. Angenehm war's allerdings nicht! Ich sah wie das Blut auf Gesicht und Arme von Dr. Ch. spritzte, er sah bald wie ein Metzger aus – aber ich bewunderte seine Geschicklichkeit und seine ruhigen Hände. Immer, wenn er mir anfing eifrig zu erklären, was er jetzt mache, wusste ich – jetzt kommt's drauf an. Der hatte Angst, ich fiele in Ohnmacht. Ein Loch im rechten Oberkieferteil, meine angeborene Nasenwandverengung erweitert und Polypen herausgeschabt – das war das Ergebnis. Gerade als ich mein armes blutiges Gesicht im Spiegel betrachtete, holte mich die gute Dame ab. Sie wär bei meinem Anblick beinah umgefallen, hat sie mir nachher gestanden. Nachdem ich alles überstanden hatte, bekam ich ja doch den Zitterich und es fröstelte mich. Ich bekam einen wunderschönen Nasenverband, ward von der Dame untergehakt und per Elektrische[127] – weil keine Taxis mehr – heimgebracht. Nach wenigen Minuten war der Verband durchgeblutet und es tropfte sogar stark. Das hat einige Mitreisende stark mitgenommen – ich konnte es an den Gesichtern sehn. Man vermutete wohl, die Nas sei weg. Ho, war ich froh zu wissen, sie sei noch da!

Das Schönste von allem aber: Ich bekam zehn Tage Bettruhe verordnet – die ich größtenteils mit Wilhelm Busch und unheimlich viel Schlaf zubrachte. Micherl ward an Marianne abgeschoben.

Dabei fällt mir jetzt ein, dass das alles noch <u>vor</u> dem Angriff auf Prag war. Und das war ein Glück, denn nachher war man keine Stunde vor Alarm sicher und ich hätte wohl Micherl nicht aus dem Haus gegeben.

---

[127] Straßenbahn

Tagebuch von Katharina Brömse

Ich bekam viel teilnehmenden Besuch und musste immer wieder den Hergang der Operation erzählen, besonders Liesl Wanka war interessiert; Blackie sagt nicht umsonst: Sensationsmariedl. Ich glaub, sie war zufrieden!

Katharina Brömse fand mit ihrem Sohn Michael Unterkunft bei Verwandten in Pfronten.

Über die Flucht aus Prag berichtet Michael Brömse: »Wir bekamen einen Platz in einem Güterwagen und fuhren nachts über Pilsen nach Nürnberg. Wegen der Gefahr der Entdeckung durften wir nicht sprechen und keine Geräusche machen. Leider plapperte ich trotzdem ziemlich aufgeregt, weshalb mich der Transportbegleiter, ein furchterregend entstellter, ehemaliger deutscher Soldat, aus dem fahrenden Wagen hielt und mir drohte, mich fallen zu lassen, wenn ich nicht den Mund hielte. Das wirkte.«

*E*lisabeth Siebert (1924–2011), Stenotypistin, schrieb diesen Text in ein Büchlein mit der Aufschrift »Flucht 1945«. Die Flucht begann im ostpreußischen Sensburg (heute Mrągowo, Polen) führte über Braunsberg (Braniewo), Danzig (Gdańsk), Berlin nach Nentershausen in Hessen. Vom 26. Januar bis zum 28. Februar war Elisabeth Siebert unterwegs – mit Militärautos, zu Fuß, mit Pferdewagen, Schiff und Eisenbahn.

Elisabeth Siebert ist zur Zeit ihrer Flucht, Anfang 1945, zwanzig Jahre alt.

Am 26. März, 1945

Genau acht Wochen zurück liegt jener unvergessene 26. Januar, der eigentliche Tag unserer Flucht und des Verlassens unserer mir nun erst recht so lieb gewordenen Heimat.

Grausame Wintertage, Schnee, Frost und Regen, mühseliges Wandern ohne Ziel und Richtung, schlaflose Nächte auf regennassem Waldboden, Hunger und Durst, das schreiende Elend vieler Hungernder und verlorener Kinder und Säuglinge und das Weinen und Klagen der Mütter, das verzweifelte Hasten und Jagen, Zerbrechen und Sich-Wiederaufrichten, totes Vieh und zerbrochene Wagen am Wege, Not, Elend und Tod, wo man hinschaute und in all dem der eine große Wunsch, der zermalmenden Masse der Krieger zu entrinnen, liegen längst zurück. Wie ein Geschenk des Himmels ist die Ruhe des hessischen Berglandes, in das mich mein Schicksal verschlug.

Tagebuch von Elisabeth Siebert

Strahlend blauer Himmel und heller, warmer Sonnenschein liegt friedlich über den Häusern von Nentershausen.

Es ist Frühling geworden. Ein anderer zwar als daheim, obwohl Schneeglöckchen, Weidenkätzchen und Veilchen dieselben sind. Und während Lerche und Amsel fröhlich ihre Loblieder erschallen lassen, wandern meine Gedanken einen weiten Weg zurück gen Osten wo endlose Trecks mit vielen Strapazen zu kämpfen haben und vielleicht viele meiner Bekannten und manch lieber Kamerad ein grausames Schicksal erleidet, viele den schrecklichen Weg zu sibirischer Knechtschaft antreten müssen oder gar als Märtyrer die Treue zu ihrer Heimat mit dem Tode besiegeln. An all die stillen namenlosen Helden, an diese Frauen und Kinder will ich in Ehrfurcht gedenken. Ihr Schicksal hätte auch leicht das unsere werden können, hätte es der Herrgott nicht anders gewollt. Zu ihm will ich dankbaren Herzens aufschauen, seine Güte und gnädige Bewahrung nie vergessen und nicht weniger die Menschen, die so gut und hilfsbereit sich unser annahmen und uns die Flucht leicht machten.

Ganz besonders denke ich an die ersten zwölf Tage unserer Flucht an ein Auto einer Panzerjäger-Abteilung, an Honecker und Jutzi, die sich so lieb um unser Wohl sorgten und mir gute Kameraden waren. Ihnen gilt all mein Dank und viele herzliche Wünsche.

Die letzten Tage gaben ein heilloses Durcheinander. Ich selber in all den Aufregungen recht ruhig, ich dachte nicht an Flucht. Irmtraud und ich taten die gewohnte Beschäftigung mit doppeltem Eifer, zumal wir beide noch

Tagebuch von Elisabeth Siebert

Erika ersetzen mussten, saßen auch nach Dienstschluss noch in Chefs Zimmer, führten Tagebücher und vernichteten wichtige Akten.

Günther drehte unermüdlich den Wolf[128], strich uns Brötchen, wenn wir dazu keine Zeit hatten und zuweilen sprachen wir auch von Flucht in einem frischen abenteuerlustigen Ton und dass wir dann, wie hier im Büro, erst recht zusammenhalten und eine Schicksalsgemeinschaft bilden.[129]

Unsere Bilder tauschten wir aus im Zurückblicken auf schöne gemeinsam erlebte Stunden.

Doppelt lieb und schön empfanden wir unser Büro und unsere gute Kameradschaft. Wohl ahnten wir, dass es zu Ende ging mit dieser sorglosen guten Zeit und nutzten jede Stunde als ein Geschenk doppelt dankbar aus. Und wie herrlich war mein Weg zum Dienst unter den alten Bäumen an der Czos-Seepromenade, wie schwer waren die mit Raureif verzuckert und stumm nur konnte ich die Hände falten: Herrgott wie schön fängt dieser Tag an, wie unbeschreiblich schön!

Dann kam der Sonnabend, auf den sich jeder von uns dreien freute. Für mich der Abschiedsabend von unserem Heimatdörfchen Aweyden[130]. Dass es für mich so schön würde, trotz schwermütigem, traurig stillem Mondscheinglanz über einsamer Dorfstraße und vertrauten Wegen, hätte ich nicht geglaubt.

---

[128] Schredder
[129] Irmtraud, Erika und Günther waren, ebenso wie die Autorin, im Landratsamt Sensburg beschäftigt.
[130] Dorf ca. zwanzig Kilometer südlich von Sensburg

Tagebuch von Elisabeth Siebert

Am Abend bei Rostens traf ich Herbert[131]. Marthi borgte sich meinen Rodelschlitten und wie einst als Schulmädel übermütig rodelten wir auch jetzt den hohen Berg, an dem sie wohnte, hinunter. Am Dorfende stellten wir den Schlitten an einen Baum und wanderten eingehängt weit die Straße nach Moythinen hinaus.

Herrlich still war der Abend und hoch die Sterne und ganz fern am Horizont sah man das Aufleuchten der Einschläge der näherkommenden Front.

Wir wanderten heim, Marthi und Herbert brachten mich nach Hause und an unserm Garten trennten wir uns mit einem kurzen fröhlichen »Auf Wiedersehen in Sensburg«.

Lange, lange schaute ich ihnen nach und freute mich auf das Wiedersehen, das keins wurde.

Mit meiner Rückfahrt am Sonntag (21. Januar) hatte ich mehr Glück als ich geglaubt. Ein Flüchtlingstreck von J. S. Praschnitz mit langsamen und müden Pferdchen nahm mich bis zum Bahnhof Peitschendorf mit. Dort ging seit 24 Stunden kein Zug mehr. Zufällig stand Herr Koslowski mit seinem Auto da, das mich bis Landratsamt Sensburg mitnahm. Dort war alles leer und still im Büro. Irmtraud war nicht da, Günther nicht da und vom Chef keine Spur. Ich ging nach Hause, heizte mein Zimmer und verbrachte viele Stunden auf dem überfüllten Bahnhof, jedoch weder Irmtraud noch Günther sind gekommen.

Erst am Montag trafen sie ein, Irmtraud mit verwein-

---

[131] Der spätere Ehemann der Autorin

tem Gesicht, in dem die Spuren eines traurigen Abschieds waren. Ich schaute froh, ich hatte mich ja auf einen Tag in dieser Woche zu freuen.

Es kam anders.

Wohl begann diese Woche wie all die andern. Doch dann wurde es unruhiger, und die Nachrichten [wurden] mit brennender Spannung aufgenommen, die Kämpfe bei Lomscha, Scharfenwiese verfolgt. Vom Trommelfeuer der Rominter-Heide zitterten des Morgens die Fenster unseres Stübchens.

Flüchtlinge kamen zu Fuß aus Ortelsburg ohne Hab und Gut.

Schon hatte der Südteil des Kreises den Räumungsbefehl, darunter Aweyden. Mit Herrn Gursky war ich einen ganzen Tag unterwegs, der dem Ziviltreck entgegenfuhr, um ihm Weg und Richtung anzugeben, um eventuell meine Eltern unter diesem zu finden. Oft stand unser Auto bei großen Schneeverwehungen, dann halfen wir den schwer beladenen Bauernwagen den glatten Berg hinaufzukommen.

Ohne Erfolg kehrte ich nach Sensburg zurück. Ununterbrochen zogen Infanterie-Kolonnen, fuhren Fahrzeuge und Panzer, die Straßen schienen zu klein.

Auf die Fragen der Landser: »Fräulein, wollen Sie nicht flüchten? Wir nehmen Sie mit« erwiderte ich lachend: »Nein, nein, heute noch nicht, wir halten die Stellung noch ein Weilchen.«

Leider kam es zu schnell anders. Unser Landrat versammelte seine Gefolgschaft, beruhigte sie so weit es ging. Doch schon am nächsten Tag konnte jeder auf Wunsch eine Urlaubsbescheinigung erhalten. Irmtraud und ich,

Tagebuch von Elisabeth Siebert

die sie ausstellten, hatten viele Mühe, die verweinten Gesichter vieler Berufskameradinnen aufzuheitern.

Noch am selben Abend kam Thea[132] verstört im Büro an, sie stände mit Klein-Dorchen, die Frau Broselat ihr ins Auto gab, ganz allein hier, versprengt von den anderen.

Ein langes Stück sind wir zurückgelaufen bis zur Straße nach Nikolaiken, den ziehenden Kolonnen entgegen, ausweichend in den Straßengraben, vergeblich. Erst, als wir wieder in die Stadt kamen, fanden wir Frau Broselat, die Dorchen suchte. Nun fuhren beide nach Rechenberg, wo sich unsere Eltern und Oma einer Panzer-Abteilung angeschlossen hatten.

Als ich spät abends nach Hause kam, nachdem ich mich beim Günther mit einer guten Wurstschnitte gestärkt hatte, fand ich unsere Wohnung sehr trostlos vor. Frau Skopnik war in der Zeit da und hatte vieles eingepackt. Gardinen und Teppiche waren weg, die Glastüre draußen eingeschlagen. Trostlosigkeit starrte mich an und ich setzte mich auf einen Stuhl, bevor ich dann die alte Gemütlichkeit ein wenig herzuzaubern versuchte.

Ich machte mir bei Mondenschein frischen Tee.

Am nächsten Abend lud ich Irmtraud, Günter und seine unzertrennlichen Freunde, Edmund und Fritz ein, um eine Flasche Wein zu leeren. Doch bevor ich ihnen die Tür öffnete, stand Thea mit einem Offizier da, beide zu Fuß aus Rechenberg gekommen, tief verschneit, um mich zu fragen, ob ich mit der Einheit mitkommen will. Dankbar gab ich meine Zustimmung und beide stiefelten ab, nachdem sie nur kurz eine Tasse Tee getrunken hatten.

---

[132] Ältere Schwester der Autorin

Tagebuch von Elisabeth Siebert

Und nun war unser gemütlicher Abend verdorben. Trotzdem wir noch lachten und scherzten, war Irmtraud und mir das Weinen nahe. Etwas Dunkles, Unbekanntes schob sich immer näher. Talismänner sollten nun die Anhänger meines Armbands werden und uns Glück bringen.

Irmtraud und besonders Günther hielten mich für treulos, ungern habe ich sie verlassen.

Und nur noch eine Nacht so voller Bewusstsein, dass es die letzte ist in meinem weißen Mädchenbett mit einem warmen guten Deckbett und morgen, morgen steh ich auf der Straße und friere vielleicht ...

Doch es ist noch nicht morgen. Es ist noch warm und gut und ich liege im Bett. Neben mir tickt der Wecker auf dem Nachttisch so ruhig, als könnte ihn nichts aus seiner Gleichgültigkeit bringen.

Dann ist plötzlich der Morgen da und ich mit beiden Füßen auf und hellwach für diesen Tag.

Mein Hab und Gut barg nun der Koffer, noch ein Schluck Kaffee und noch einmal in unser Zimmer und jeden Gegenstand mit liebevollem Blick umfasst und schweren Herzens schloss ich es dieses Mal zu. Recht bald [wieder] hier zu sein und dann, dann sollte es wieder schön sein, mit dieser Hoffnung täuschte ich mich ...

Die nächsten Minuten brachten mich zum Schwitzen. Ein Laufen zwischen Büro und Wohnung, Sitzung in Landrats Zimmer, dann das Treffen mit Papa, der unser Gepäck nahm, der Händedruck meines Chefs und der ach so kurze Abschied von Irmtraud.

Günther traf ich unterwegs, der Gute hatte so lange geschlafen. Er trug schweigend meinen Koffer.

Tagebuch von Elisabeth Siebert

Genau am Eck Scheuerbrandt kam das letzte, also »unser« Auto. Mamas ängstliches Gesicht und das von Werner Jutzi neben ihr mit dem Grübchen im Kinn und seiner schwarzen Pelzkappe umrahmt, sah ich nur. Offizier Honecker und Feldwebel Schurn, die diesen Wagen im Schlepp hatten, nahmen mich in ihren Führersitz, nachdem ich auch dem Günther »Lebewohl« sagte.

So war ich nun mit Sack und Pack verfrachtet, gelöst von meinen Freunden, von allem Angenehmen und Zivilen und befand mich in dem grauen Kreise unserer Soldaten.

Die Not der Stunde und die Notwendigkeit unseres Tuns wurden in dieser ernsten Zeit überbrückt durch die selbstverständliche Hilfsbereitschaft der kämpfenden Front.

Nachdem wir uns ein wenig befreundet hatten, stellten wir fest, dass wir einen Riesenhunger hatten. Die Flasche Erdbeersaft, die Feldwebel Schurn mit Besitzerfreude hervorzauberte, tranken wir reihum (ich gab mir einen kleinen Stoß) und die letzten Kekse erinnerten noch an Sensburg und Kristallschalen.

Über Mertinsdorf, Sorquitten, Hohenstein, verließen wir den Kreis Sensburg und kamen in den Kreis Rößel hinein. In Bredinken, es war kaum Mittagszeit vorbei, ging unser Sprit zu Ende. Wir waren überrascht und entsetzt, da unser Auto das letzte war. Ein Offizier der Feld-Gendarmerie, der uns auf diesem schmalen Weg begegnete, sagte kurz: »Sprengen.«

Oh, dachte ich, das fängt ja heiter an. Offizier Honecker legte sich unter Jutzis Wagen, der im Schlepp war und schraubte den Tank auf. Gottlob, es war auch wirklich

Tagebuch von Elisabeth Siebert

noch so viel darin, dass wir diesen unglücklich schmalen Weg verlassen konnten und das nächste Bauerngehöft aufsuchten, das ein Stück vom Wege ab tief eingeschneit da lag. Wir bewaffneten uns mit dem nötigsten Sachen und stiefelten los als ungebetene Eindringlinge.

Nur zwei alte Leutchen und ein Mädchen waren noch dort.

Hier blieben wir von Freitag bis Montag früh.

Dieses Wochenende war nun weniger schön. Die Zimmer waren groß und kalt, man konnte sie nur ganz in der Nähe des großen Kachelofens ertragen. Das Wasser war ungenießbar, ein Glück, wir konnten uns zum Waschen Schnee schmelzen und zum Trinken hatten wir vorerst noch eine große Kanne voll Kuhmilch. Kleine Reste von daheim an Honig, Fisch und Kuchen füllten unseren Tisch und wir machten es uns so bequem wie möglich.

So wurde es Sonntag und Feldwebel Schurn langweilig, er begab sich gleich nach Tisch zu Fuß nach Groß Kölln, wo die Einheit halten wollte, um uns Benzin zu schicken.

Wieder kam nun entsetzliche Nacht mit grausiger Kälte. Ich habe in der ersten überhaupt nicht geschlafen. Die fingerdicken Eisblumen gingen auch am Tage nicht vom Fenster. Trotzdem ich jetzt im Federbett lag, fror ich entsetzlich. Ich werde die Nacht nie vergessen!

Die nahen Panzerabschüsse und -einschläge, ebenfalls das Donnern der schweren Artillerie, unwillkürlich zuckte ich jedes Mal zusammen, verstummten die ganze Nacht nicht.

Trotzdem forderte der neue Morgen heitere Gesichter.

Papa war, nachdem auch von Schurn nichts zu hören, von Mamas Unruhe in Marsch gesetzt und in Richtung

Tagebuch von Elisabeth Siebert

Groß Kölln. Honecker tröstete uns wieder, sein Wagen wäre wichtig, der Oberstleutnant würde ihn schon finden.

So frühstückten wir seelenruhig und ich strickte an meiner Weste weiter. Da kam Papa plötzlich zur Tür hereingestürmt: »Los, fertig machen, gleich ist der Russe hier.«

Er war sehr aufgeregt, hat den Oberstleutnant unterwegs getroffen, der den Wagen wirklich stundenlang suchte, und beide sind schnell hergekommen. Während ich noch einpackte, rief auch meine Mutter schon aufgeregt vom Wagen. Schnell verabschiedeten wir uns von den alten Leutchen, die mir leid taten, nun den Russen in die Hände zu fallen.

Gut, dass wir schon morgens am Motor herumkurbelten, so sprang der Wagen trotz der großen Kälte ziemlich schnell an. Die Kanone, die noch im Schlepp war, wurde gesprengt, wir machten, dass wir von dieser unseligen Stelle so schnell als möglich loskamen. Die Nachhut war schon lange vorbei. Als wir den verschneiten, holperigen Waldweg verließen, nahm uns wieder das gewohnte Straßenbild auf. Trecks, die aus entgegengesetzter Richtung kamen, erzählten, dass der Russe schon in Bischofsstein wäre. So mussten auch wir kehrt machen, bevor wir unseren Spritvorrat von einem im Straßengraben zu sprengendem Panzer von »Groß Deutschland«[133] bereicherten. Wir fuhren den ganzen Tag vorbei an einigen Autos der Einheit, die gesprengt werden mussten, einige schleppten wir ein Stück ab. Pferdewagen führ-

---

[133] Es gab einen Panzerkorps namens »Großdeutschland«.

Tagebuch von Elisabeth Siebert

ten Granaten zur Front, nur schwer erkennbar wie graue Schatten in der dunklen Winternacht. In Fürstenau fanden wir dann um Mitternacht eine kalte Stube. Stroh war schnell besorgt, Klopse wurden angewärmt und mit dem kalten Glühwein stießen wir auf Jutzis Geburtstag an.

Am nächsten Tag stürmte es furchtbar, die Landwege waren verschneit. So mussten sich Fahrzeuge einen Weg auf dem Acker suchen, bis wir zur Straße nach Heilsberg kamen. Hier nahmen der Menschenandrang und die Trecks gewaltig zu und nur schrittweise kamen wir vorwärts. Der Tag war wunderbar klar, viel zu schön schien die Sonne und der Schnee blendete. Russische Flieger waren plötzlich da und knatterten die Straßen mit Bordwaffen ab. Wie oft trieben wir da Erdkunde flach unter dem großen Wagen. Werner und ich liefen ein Stück vor, um warme Füße zu bekommen, während meine Eltern vorn saßen, um schneller heraus zu kommen, wenn die Flieger wieder da waren. Dann suchten mich Honeckers Augen in dem Menschenstrom und er wusste immer, wann es Zeit war in Deckung zu gehen. Die Kugeln prasselten auf seinen Wagen, ein eigenartiges Gefühl, wenn man drunter liegt, und dicht an seinem Bein schlug eine in den Boden. Was hätten wir ohne unseren guten Honecker angefangen, ach, nicht auszudenken.

Jutzi, dessen Wagen auch gesprengt war, fühlte sich nun recht frei und saß als mein zweiter edler Ritter zu meiner Rechten. Schön war es damals von beiden so lieb umsorgt zu sein. Nicht nur warme Decken gab es für Rücken und Füße, sondern obendrein noch immer etwas Süßes aus Offizier Honeckers unerschöpflichem Vorrat. Doch

Tagebuch von Elisabeth Siebert

nun weiter. Jutzi, ich nenne ihn nicht Werner, trotzdem er erst zwanzig ist und wir uns duzen, weil sein Nachname viel schöner klingt, sitzt auf dem Kühler und ich selber stehe auf dem Tritt dicht am Steuer. Mit der einen Hand halte ich mich am Fenster fest. Wir flüstern beide durch die Scheibe, weil wir uns da draußen ganz verwegen vorkommen. Oder Werner schaut so oft her, weil er Angst hat, das kleine Mädchen könnte herunterfallen. Dasselbe denkt sicher auch Willi [Honecker], denn oft hält er mich mit der Linken, während er doch mit dem Steuer mehr wie genug zu tun hat. Vor Heilsberg wurde dem Auto »Halt« geboten. Die Trecks mussten einen Feldweg an der Stadt vorbeiziehen, wir selber an den Straßenrand rücken, damit die Sturmgeschütze vorbeikonnten, um die in der Stadt eingebrochenen russischen Panzerschützen zurückzuschlagen. Rechts und links standen auf den Feldern Maschinengewehre in Stellung, Einschläge der Panzer färbten den Schnee schwarz und das Donnern der Kämpfe in der Stadt war heftig. Willis Ruhe war herrlich, ich fühlte mich auch ganz sicher.

Das Freikämpfen der Stadt dauerte uns nun doch zu lange und wir suchten uns querfeldein unseren Weg selber. Der Schnee war hoch, an vielen Stellen rot gefärbt vom Blute getroffener Menschen und Pferde. Zertrümmerte Wagen und ausgebombte Autos ragten zum Himmel empor. Wir mussten wieder auf dem Acker fahren, da auch in dem Dorfe der Iwan war und Quartier bezog, ich immer noch auf dem Tritt, berauf und bergab, sodass der Wagen oft zu stürzen drohte. Offizier Honecker hielt mit ruhiger und sicherer Hand das Steuer, ich habe ihn bewundert.

Tagebuch von Elisabeth Siebert

In einem kleinen Dorfe des Nachts standen wir lange, aßen eine trockene Schnitte als Einziges an diesem Tage und Honecker wollte dann doch noch durch das kämpfende Heilsberg. Mir war alles gleich, ich schreckte zwischen Traum und Wachsein immer wieder hoch und immer noch standen wir.

Nach langem Hin und Her, unser Wagen hatte sich festgefahren, schleppte uns der Diesel ab. Die Straße war sehr einsam. Ab und zu tauchte im Schneewetter eine graue Kolonne auf, dann war es wieder still und einsam.

Erst um 1 Uhr nachts machten wir in Lichterfelde Quartier. Die Leute waren schon weg, wir fanden ein leeres Zimmer, das bald voller Qualm war, als wir uns auf dem runden Eisenofen Kaffee kochten. Das Leberwurstbrot mundete uns vorzüglich, ich saß auf einem Sessel, mein Knappe Werner mir zu Füßen. Als dann Willi hereinkam, durfte er dann brüderlich aus meiner Tasse trinken. Ein Stück Brot bekam er aufgedrängt, trotzdem er nie Hunger noch Appetit hatte. Jeder suchte sich eine Schlafgelegenheit. Ich selber, hurrah! Da stand ein Kinderbett!

In aller Frühe wollten wir weiter, bevor die gefürchteten Flieger kamen, wir hatten uns sogar gewaschen wie zu Hause.

Das Wetter war heute dunstig, obendrein taute es. Wieder ging es zerfahrene Waldwege entlang, so dass Willi nicht rechts und nicht links schauen konnte.

Von dem Marschpäckchen, das ich erhielt, steckte ich meinen Helden Bonbons in dem Mund, Werner rauchte mit Leidenschaft die [unleserlich]zigaretten, während Willi sich totlachen wollte, wie ich bei einer halben missglückte Lungenzüge machte. Natürlich hatte er[134] vom Rauchen keine blasse Ahnung!

Mama und Papa bedauerten wir sehr, da sie durch das kleine Fenster nur wenig sehen konnten und schrecklich geschleudert wurden. Mit einem Bonbon für Mama und einer Zigarette für Papa trösteten wir sie zu neuer Fahrt. Willi tat mir leid, er war sehr abgespannt und müde. Trotzdem zog er mich ständig auf, ich solle ihn ein wenig ablösen. Entrüstet protestierte ich, wenn ihm sein Leben lieb wäre.

In Borwalde kamen wir auf die Rollbahn und beschlossen dort zu übernachten. Willi sollte den Wagen, da die Kreuzung sehr belebt war, in eine Einfahrt fahren, fuhr sich aber unglücklicher Weise, da es dunkel war, fest. Doch mit seiner Engelsgeduld wurde auch dieses behoben. Mama und Papa gingen in die verräucherte Stellmacherwerkstatt und wärmten sich, während ich dort nicht die Augen öffnen konnte, obendrein war alles mit Landsern überfüllt. Da war ich schon lieber in frischer Luft draußen. Werner und ich rissen Zaunlatten ab und besorgten große Bretter, die wir unter die Reifen legten. Doch rutschten sie beim Anlassen immer wieder ab. Ein großes Stück Arbeit lag hinter uns, als wir sagen konnten »es ist geschafft«. Willi hatte die ganze Nacht zu tun. Unbedingt wollte er den Verpflegungswagen, den er nicht mehr in Schlepp nehmen konnte, umladen. So besorgte er sich Pferd und Wagen und holte alles nacheinander ab. Jutzi stand Wache. Ich lief rein und raus. Die Nacht war mir sehr lang, zum Schlafen hatte ich keinen Platz

---

[134] Wahrscheinlich muss es »ich« heißen.

Tagebuch von Elisabeth Siebert

und obendrein schnarchten die Soldaten fürchterlich. Als Willi mit dem letzten Wagen zum Umsinken müde ankam, war es längst Morgen und wir warteten sehr, da alles fieberhaft unruhig vorwärts strömte und die ersten Russen nicht weit waren. Ich sehe mich noch die Schlüssel in Empfang nehmen, meine Eltern hinten einschließen, die Tritte vom Eis befreien und dann unruhig im Wagen sitzen, während jede Minute eine Ewigkeit wurde, bis Jutzi auftauchte. Fast als Letzte starteten wir von dieser Ecke. »So nun war es wieder mal Zeit«, sagte ruhig Willi und sah mich an. Ich musste lächelnd nicken, was sollte ich auch sagen, er wusste es besser.

Frauen und alte Mütterchen standen am Wege und schrien, wir sollten sie mitnehmen. Fast jedes Auto war voll und bahnte sich rücksichtslos seinen Weg. Ich schämte mich, dass es uns so unverdient gut ging.

Wir machten uns von all dem Verkehr frei und gewannen nun freie Straße bis Frauendorf. Hier war vor Kurzem ein schrecklicher Angriff, es sah alles sehr wüst aus und obendrein regnete es. Hier traf ich Nikolaiker Polizei.

Nicht weit ab sollte die Einheit liegen, der wir ständig nachfuhren und endlich, endlich sollten wir Thea und Oma sehen, die von uns nur wussten, dass wir immer weit zurück waren.

Nur 3 km waren es bis Drewes und doch konnten wir nicht hin, weil der Schnee zu hoch lag. Auch sollte die Einheit schon wieder fahrbereit sein und so sollten wir dann auf der Kreuzung warten, um uns ihr anzuschließen.

Ich sitze wieder mal untätig, mit kalten Füßen und überlasse andern die Sorge. Willi brachte ein großes Stück

Tagebuch von Elisabeth Siebert

gekochtes Fleisch aus ihrer Küche, die auf unserem Hofe stand und wieder haben wir etwas im Magen.

Halloh, da läuft jemand über den Hof. Ein ganz bekanntes Gesicht. Wahrhaftig, es ist Lieschen Dudda. Wir freuten uns beide über das Wiedersehen. Gerne hätte sie sich uns angeschlossen und wartete in unsrer vollen Stube mit Flüchtlingen und Soldaten um nach Mehlsack zu kommen.

Ich trennte mich von ihr um auch noch ein Plätzchen zu finden in einem Nachbarhaus. Als ich dann spät abends Willi zum Wagen begleitete, die Einheit war immer noch nicht da, sagte er, er hätte mir etwas Trauriges zu sagen. Oma wäre gestern (30. 1.) hier in Drewes gestorben und Soldaten hätten sie im Garten des Lehrers begraben.

Recht still und friedlich ist sie neben Thea weich in einem Bekleidungswagen für immer eingeschlafen.

Die Sterne spiegelten sich in den Regenpfützen auf der Straße und glänzten weit und ruhig. Mag Oma ruhen von all dem Hasten und Jagen des Lebens.

Mama hat es erst am nächsten Morgen von Papa erfahren. Wir hatten auf einem Gutshof übernachtet zwischen Soldaten und Offizieren in einem Zimmer, dessen Wände schwer mit Geweihen beladen waren und ihren Herrn einst sicher glücklich machten.

Laut erklangen Befehle und Kommandos. Am Morgen fanden wir uns wieder an der Kreuzung ein, wo schon einige Fahrzeuge hielten. Ich sah Frau Marenski und Frau Broselat mit Klein-Dorchen. Das kleine liebe Mädel war sehr blass und erkältet und freute sich so rührend als sie mich sah. Nicht weit ab stand ein Posten, der alle Zivilis-

Tagebuch von Elisabeth Siebert

ten wieder zurückwies, da Mehlsack überfüllt war. Meine Eltern waren auch ein wenig erregt. Honecker sagte: »Bleibt mal schön hier, ich lasse euch nicht.« Das klang wieder so fest und ruhig.

Er gab Gas und bald war die Unglücksstelle nicht mehr zu sehen.

In Mehlsack, wir suchten einige Quartiere ab, wo meine Schwester übernachtet haben sollte, traf uns eine weitere Hiobsbotschaft. Jutzi erzählte, dass sie Befehl bekommen hätten alle Flüchtlinge abzusetzen.

Thea und Erna hätten aber mit einem großen Munitions-Auto, das vor Kurzem noch in Gollingen lag, gleich weiter fahren und vielleicht bis nach Braunsberg kommen können.

Frau Broselat kam nun zu meinen Eltern nach hinten und Dorchen zu uns auf den Sitz. Willi tat es leid, dass wir nun doch nicht mit Thea zusammen waren. Ich selber war damals sehr, sehr traurig. Nun, bald würden auch wir ganz hilflos auf der Straße stehen.

Wir landeten um Mitternacht (3. 2.) in Packhausen, Kreis Braunsberg. Zwei alte Leutchen mit einer unfreundlichen Tochter nahmen uns ungnädig auf und nach langem Hin und Her durften Mama, Frau Broselat und Dorchen auf dem Fußboden schlafen. Glücklich waren wir damals, sie so gut untergebracht zu haben. Wo wären wir, wenn wir keinen Humor hätten.

Papa, Willi, Werner und ich zogen in eine Scheune. Herrlich war sie und gehörte uns allein, nachdem die eigentlichen Besitzer dieses stallartigen Gebäudes uns armseligen Menschen ihre Wohnung überlassen hatten. Mit unserm Radio, unsern vielen Decken und Futtersachen wurde es ganz pompös. Ich thronte auf einem Berg Decken inmitten meiner Männer und strich Brote. Ein kleines Stück vertrockneter Kuchen krönte unser Mahl und eisiger Kaffee landete bitter im Magen. Wir waren gestärkt und ich hätte mit Jutzi noch einen Ringkampf gewonnen. »Warum schlafen wir heute in der Küche«, fragte Willi noch nach. »Na, sollen die Flüchtlinge heute in unserm guten Schlafzimmer liegen.«

»Werner, schläfst du schon? Stell deine nassen Schuhe und Socken nicht zu dicht an den Ofen (Kaninchenbude), sonst läufst du morgen barfuß«, scherzten wir.

Am Morgen brachte Willi uns Langschläfern, Papa war auch schon munter, Schmalzkuchen an das »Bett«, die Mama am gestrigen Sonntag gebacken hatte und wurden von Werner und mir mit Begeisterung verzehrt. Am nächsten Abend schliefen wir wieder in einem guten Zimmer und tranken unsern verdünnten Wein von Frau Sieritz, deren Gepäck wir durch Schnee und Nacht sicher unterbrachten.

Mit unserm verdorbenen Mohn- und Zucker-Magen gab es eine großes Malheur und Werner rettete ganz energisch Willi und mich durch einen Schluck furchtbaren Schnapses vom Joch. Unser rettender Engel hatte dem schon oft vorher durch tiefe Züge in die Flasche bei sich vorgebeugt.

Wir waren wieder mobil und weiter gings – in eine Mühle. Da Tiefflieger uns nicht in Ruhe lassen wollten, mussten wir die Autos in den Wald fahren und notgedrungen dort den hellen kalten Tag verbringen. Ich bekam vorn im Wagen ein Lager gebettet und sollte schlafen.

Tagebuch von Elisabeth Siebert

Waren die Flugzeuge noch über uns und sah ich in Gedanken schon die Glasscheibe zersplittert in meinem Gesicht, dann tauchte auch schon das Gesicht eines unserer Beschützer über dem Rande auf und die grauen Gestalten machten Mut und beruhigten, kannten die doch alle Tage nun schon die Gefahren, denen wir so neu und ängstlich gegenüberstanden.

Am Abend zogen wir wie Schwerarbeiter heim in die Mühle. Mit Werner besorgten wir uns noch Stroh von einer großen Scheune, wo noch andre Strohinteressenten waren, um unseren Fußboden zu polstern.

Er selbst musste das Auto im Walde beschützen und dort schlafen.

Unser Zimmer war sehr voll. Nebenbei in der Küche wurde Wurst gemacht und herrliche heimatliche Düfte schmeichelten uns Träume zu von Schlachtfesten zu Hause. Mit Frau Broselat tasteten wir uns in den Kuhstall und melkten die vielgemolkene einzige Kuh, weil Dorchen Milch wollte. Als ich dann doch noch einschlief, wurde es gegen Morgen lebhaft im Zimmer. Artillerie setzte große Brocken hin und unsere Scheiben klirrten heftig und die Wände wackelten. Alles suchte hastig seine Sachen zusammen, außer Willi, den auch das nicht erschüttern konnte und der ruhig nach meiner Hand griff. Wie viel Sorge um uns verbarg sich wohl damals hinter dieser herrlichen Ruhe? Die wir nicht ahnten und doch unbewusst so wohlig empfanden.

Auf einem 4 km weiter gelegenen Bauernhof sollten wir nun unsere letzte Station erreicht haben. Wieder alles voll wie immer bunt mit Soldaten und Flüchtlingen. Frau Broselat fiel vom Tritt und verstauchte sich den Knöchel, es war so glatt draußen, man kam leicht ins Rutschen. Ein Oberwachtmeister fühlte sich als Held dieses Tages und Ortes. Mit Schokolade und Erbsensuppe bewarb er sich vergeblich um meine Gunst. Mir war nicht nach Abenteuern zumute und wo waren wir alle besser aufgehoben als bei Willi und Jutzi?

Der schreckliche Tag, der 7. Februar war nun da. Lang schon fürchteten wir diesen harten Befehl, nicht mehr weiterfahren zu können und nun es so plötzlich kam, traf es uns hart.

Wohin nun mit uns, das war die Frage, die so erdrückend kalt vor uns stand. Honecker brachte uns, nachdem er seinen Plan, uns noch bis Braunsberg zu fahren, nicht ausführen konnte, bis zu einem Dörfchen vor Braunsberg. Dort auf regennasser Dorfstraße, die Sonne brach ein wenig durch die grauen Wolken, nahmen wir Abschied. Lange schauten wir dem Wagen nach. Ob wir uns einmal wiedersehen werden?[135] Die Einheit musste zum Einsatz, den letzten Kampf ausfechten, unsere Heimat verteidigen.

»Gott sei mit Euch« dachte ich dankbaren Herzens und viele Segenswünsche sandte ich zurück. Jutzi konnte ich leider nicht mehr die Hand drücken, er musste gerade an diesem Tag irgendwo ein Auto ausbauen.

Nun saßen wir wirklich auf der Landstraße, von den vorüberfahrenden Autos von oben bis unten bespritzt.

Allein auf uns angewiesen, hieß es nun selber denken und handeln.

---

[135] Es gab noch Briefkontakt zur Familie Honecker.

Tagebuch von Elisabeth Siebert

Mit einem Fahrbereitschaftsauto, das Flüchtlinge dieses Dorfes herausfuhr, kamen auch wir bis Heiligenbeil und wurden am Anfang der Stadt unserem Schicksal überlassen. Es war stockdunkel und regnete. Vergeblich wanderten Papa und ich, um uns Quartier zu besorgen, Dorchen wollte schlafen und wimmerte. Viele harte Menschen fanden wir und viele verschlossene Türen. Ein Gedanke zurück an Honecker, wie hatte doch da immer alles geklappt.

Wie suchten weiter fort, wo wir ein Licht schimmern sahen, Papa wurde gleichgültig und wollte die Nacht an einem Zaun stehend zubringen. Endlich fanden wir einen netten Mann, der in seinem Haus auch schon Soldaten im Quartier hatte und mit Tränen in den Augen bat ich, seine Haustür nicht zu verschließen, gerne wollten wir dort stehen. Er brachte uns auf einen Trockenboden, dort breiteten wir unsere Federbetten aus, die wir dann auch dort ließen und schliefen, wenn auch recht kalt, doch froh ein.

Der nächste Morgen war auch noch recht trübe, ich stand am Fenster und schaute mir das Treiben draußen an. Da erblickte ich Oberstleutnant Schütz von unserer Gendarmerie und schon war ich durch all die Pfützen auf seiner Verkehrsinsel.

Viele Bekannte waren hier und ich schlenderte durch die Stadt zum Landratsamt, um von meinen Kollegen zu hören.

Hier erfuhr ich, dass Irmtraud und Günther vor fünf Tagen weitergereist waren und ohne Schwierigkeiten mit einem Auto nach Heiligenbeil kamen, das Günther tadellos lenkte. Der Landrat stellte mir eine Fl. Arbeitsbescheinigung[136] aus.

Auf dem Markt drängte sich alles um den Lautsprecher. Dort wurde angekündigt, dass alle Flüchtlinge sofort über das Haff[137] müssten, da es schon sehr brüchig war. Das galt auch uns und plötzlich wusste ich unsere Marschroute. Wenn es nun einmal sein musste und man sich auf das Freikämpfen Elbings nicht verlassen konnte, so sollte es noch heute sein. Als ich das nun Unsern bekannt gab, entstand erst Kummer über das gute Mittag, es sollte Bratkartoffeln und eins von den Hühnern geben, doch Oberstleutnant Schütz half uns auf so kleine Pferdefuhrwerke, die zum Haff zogen. So brauchten wir durch den [unleserlich] Schlamm nicht zu Fuß gehen. Nachts erreichten wir das Haff und mussten uns eingliedern, jeder Wagen mit 50 m Abstand. So zog Bauernwagen auf Bauernwagen hinüber, endlos schien die Reise. Laternen mit einem Pionierposten zeigten die noch fahrbaren Stellen an, an einigen waren schon Stangen gelegt. Eingebrochene Wagen gab es genug und wo nicht schnell eingesprungen wurde und geholfen, schimpften alleinstehende Frauen über die Rücksichtslosigkeit, mit der stur weitergefahren wurde. Kam ein Wagen zu nah an den anderen, wurde gerufen und geschrien. Mein Vater ging die ganze Nacht mit quietschenden Stiefeln vor unserem Wagen her. Die Volkssturmmänner[138], es wa-

---

[136] Wahrscheinlich »Flüchtlingsarbeitsbescheinigung«
[137] Frisches Haff und Frische Nehrung vor der Danziger Bucht.
[138] Der Volkssturm bestand aus Männern zwischen 16 und 60 Jahren, die ab Oktober 1944 zur Unterstützung der Deutschen Wehrmacht einberufen wurden.

ren Tilsiter, hatten Humor und oft hätte ich schallend lachen mögen, wenn ich nicht so entsetzlich gefroren hätte. Ich lag lang oben auf dem Gepäck, war so elend und so müde und ich glaube, wenn meine Mutter nicht oft die Hand aus ihren Decken herausgestreckt hätte um mir die Beine zu reiben, wäre ich erfroren.

Oft schreckte ich hoch, wenn wir an eine Laterne kamen und immer noch war es dunkel, immer noch fuhren wir über musiges Eis und unter hohen fernen Sternen. Im Morgengrauen wurde ich munterer, da waren viele Einzelgänger, viele Soldaten schleiften hinter sich Holzmulden mit Verwundeten, ganz weit sah man still und starr den Umriss einer Kuh sich vom Himmel abheben, sicher konnte sie nicht weiter, wer fragte danach?

Und nun die Hauptsache, nach 7 km sah man die Nehrung vor uns und nach langem Entlangziehen an ihr fanden wir einen Weg. Die Einschläge von Elbing, das Summen der Schlachter[139] und das Donnern der Schiffsartillerie waren wieder Morgenmusik. Überall loderten im Walde kleine Feuer, auf denen Kaffee gekocht wurde von geschmolzenem Schnee oder kleinen Pfützen. Wie sah die Nehrung jetzt aus mit dem vielen Menschengewimmel und den Indianerfeuerchen und wie habe ich sie vor zwei Jahren so ruhig und schön erlebt! Der Tag verging sehr langsam, wir hatten weder zu essen, noch wussten [wir], wohin wir gehen sollten, die Straße, die einzige Nehrungsstraße, war verstopft und die wenigen Autos überfüllt. So mussten wir hier übernachten auf kalter Erde, es regnete, die Decken wurden

---

[139] Schlachtflieger

nass und meine Fichtenzweige klebrig und wahnsinnig lang die Nacht.

Ich schreckte aus wilden Träumen, die mehr Phantasie waren, hoch und wachte aus kurzem Schlummer über mein tiefes Stöhnen auf, ging zum Posten und fragte nach der Zeit.

Es war erst Mitternacht!

Doch auch diese Nacht ging vorbei und wir schleppten unser Gepäck 3 km zu einer Sammelstelle. Zu Tausenden waren hier die Menschen versammelt. Papa und ich wollten wie so viele andern zu Fuß bis Danzig, doch um das wenige Gepäck nicht zu verlassen und um Frau Broselat wegen, blieben wir beisammen und kamen dann endlich auch in einem Auto etwas gedrückt und gepresst, doch glücklich unter. So fuhren wir die Nehrung hoch bis Pillau. Uns entgegen zogen Verwundete in langen Reihen, den Arm in der Binde, Kopf und Beine verbunden. Und weit oben standen Trecks schon tagelang fest, die sich in die vorwärtsstrebende Gliederkette nicht einreihen konnten. Es dämmerte schon, als wir mit einem Fährschiff zu dem Anlegeplatz fuhren. Ein großes Gedränge auch hier, jeder wollte der erste sein. Koffer in beiden Händen, Rucksack drückend auf dem Rücken, so kam man schrittweise vorwärts. Neben mir stand plötzlich ein Feldwebel, er schaute spähend die Menschenmasse durch und fragte, woher ich komme. »Aus Sensburg.« »So, Sensburg«, rief er erfreut, »das ist ja meine Heimatstadt!« Er war Kommandant eines Minensuchbootes, das zur Zeit in Pillau lag und nahm die Gelegenheit wahr, nach Eltern und Bekannten auszuschauen.

Tagebuch von Elisabeth Siebert

Wir plauderten nun von diesem und jenem wie alte Bekannte und er half uns prima auf das Schiff hinaus. Bei der Streife, die Papa nicht herauflassen wollte, legte er Wort ein und Dorchen und ich bekamen noch zum Schluss schöne Sahnebonbons.

So zog nun der »Schneehase«, wie mich die Matrosen unserer weißen Pelze wegen gleich nannten, eine sehr schmale Leiter ins Schiffsinnerste hinunter. Hier fanden wir nur noch sehr wenig Platz, ich konnte nur im Sitzen schlafen und sollte auch da noch die Beine einziehen. Dummerweise nahm ich das nette Anerbieten der Matrosen, in ihrer warmen Kabine zu übernachten (sie hatten Wache auf Deck) nicht für Ernst, ebenfalls die Aufforderung, für mich wäre unten kein Platz, ich sollte hinaufgehen, was ich am nächsten Tag bereute. Dafür wurde ich nun, es war Sonntag (11. 2.), wir lagen mit unserem Frachter den ganzen Tag in der Danziger Bucht und ich ließ mir den kalten Sonnenwind um die Ohren pusten, entschädigt, indem ich mich in einer Kabine nach langer Zeit mit warmem Wasser und guter Seife waschen konnte. Als ich dann noch mein Kleid gebürstet bekam, wurde mir etwas sonntäglicher zumute. Ein Stück Brot hintennach mundete vorzüglich. Nie schmeckt trocken Brot so süß, als wenn man lange Zeit Hunger hat. Erst am Abend konnten wir in Danzig-Neufahrwasser an Land gehen, wobei uns ein netter politischer Leiter behilflich war.

In den großen Schiffshallen lagerten wir uns weich in Holzwolle und bekamen etwas Warmes zum Essen. Hier traf ich eine Sensburgerin aus meiner Straße. Wenn Schiffe ausgeladen wurden, fluteten immer mehr

Menschen hinein und die ersten wurden wieder hinausgedrängt.

Am nächsten Tag fuhr ich mit Papa in die Stadt hinein, er meldete sich auf dem [unleserlich] und ich sprach beim Landratsamt vor.

Unterwegs traf ich Frau Burdinski. Sie sah sehr blass und schmal aus und wollte zum Arzt, später weiter nach Hamburg. Auch Frau Schaal wartete auf die gleiche Straßenbahn und wir begrüßten uns freudig. Manfred hatte sie auf dem Arm, auch der war krank und all ihre Sachen gingen verloren. Bis zur Ostseestraße fuhren wir zusammen, dort musste Papa zur Organisation Todt.[140]

Papa bekam einen Marschbefehl nach Stettin, wir eine Tasse Kaffee und am Abend landeten wir wieder in unserer Halle, wo uns Mama unruhig und ängstlich empfing.

Längst hätte sie den Platz räumen müssen, und konnte sich nur schwer mit unserem Fernsein verteidigen. Ein Hallenarbeiter, dem sie ihr Leid klagte, wollte uns zu sich nehmen und hielt dann auch am Abend Wort.

So wohnten wir dann bei der netten Familie Struminski, Danzig-[unleserlich], Neufahrwasserweg 12, eine ganze Woche. Fast täglich lief ich noch zur Halle, wer Bekannte treffen wollte, brauchte sich nur auf der Straße aufzuhalten. Immer noch kamen Schiffe an, andere mit Verwundeten beladen, standen zum Auslaufen fertig. Oft fuhr ich nach Danzig herein, traf dann Sensburger und auch Treuburger und kam von frischer Seeluft müde und hungrig in unserm Zimmer an, wo Mama fürsorglich

---

[140] Nach ihrem Führer Fritz Todt benannte Bautruppe, die vor allem für militärische Baumaßnahmen in den von Deutschland besetzten Gebieten eingesetzt wurde.

Tagebuch von Elisabeth Siebert

die Suppe warm hielt. Am Sonnabend erhielt ich die Anschrift meiner Schwester. Endlich hatten wir sie gefunden. Schon eine Woche wohnte sie mit Erna Koppreck bei Lenz.

Von ihr erfuhr ich Irmtrauds Anschrift und während sie nun zu Unsern herausfuhren, suchte ich Irmtraud in der Meidengasse 31 auf. Lange musste ich warten, bis dann endlich zuerst Frau Budnick mit Günther vom Mittagessen kamen, dann auch Irmtraud, die alle staunten, dass ich erst hier wäre. Wir hatten recht viel zu erzählen und beide versprachen, mich am Sonntag aufzusuchen, was dann Günther nur alleine tat, Irmtraud war anderwärts glücklich in Anspruch genommen.

Am Montag zogen Thea und Erna zu uns und am Dienstag (20. 2.) packten wir wieder unsere Sachen. Es war Zeit aufzubrechen, denn allzu langes Verweilen an einer Stelle machte träge.

Nun waren Thea und Erna hier und ich hatte genug Ansporn zu weiteren Heldentaten.

Am Abend packten wir uns schnell und hastig in den letzten Wagen eines Flüchtlingszuges, der schon bereit zum Auslaufen dastand, ein und fuhren mit langsamem Tempo nach Pommern hinaus. Unser Wagen war ziemlich leer und darum recht kalt, hatte auch nur wenig Stroh, sodass ich auf kahlen Eisenplatten lag. Erst am Morgen wurde es nach und nach voller und bunt und lustig bevölkert. Ein Matrose brachte aus seinem Seesack herrliche Sachen zum Vorschein, wie frische Butter, Jagdwurst und Käse, mir geriet es kaum Schnitten zu schneiden. Ein Feldwebel der Luftwaffe erzählte Witze und wir spielten mit Streichhölzern.

Tagebuch von Elisabeth Siebert

In der Nacht holte ich mir am Knie Schrammen, denn der böse Zug fuhr unbarmherzig fort, ohne an die drängenden Verhältnisse der Menschen zu denken. Thea stand an der Schiebetüre und ließ mich hinunter. Der Zug hielt nur kurz, stockdunkel war es und ich rutschte einen Abhang hinab, der glücklicherweise doch nicht allzu lang war.

So fuhr unser Zug über Gotenhafen, Stolz, Thorn nach Köslin. Hier landeten wir in der Nacht in einem Lichtspieltheater und saßen die Nacht über in stickiger Luft auf harten Stühlen und aßen angebrannte Kartoffelsuppe oder war es Grütze?

Viele ließen sich zu den Bauern aufs Land verteilen, doch wollten wir uns nicht wieder festsetzen und so schnell es ging weiter, wenigstens über Stettin hinaus. Züge gingen gar nicht mehr weiter und so machten wir uns mit dem Gedanken, die Landstraße unter unsere Füße zu nehmen, vertraut. In Köslin herrschte noch reguläres Leben und das Städtchen gefiel uns gut.

Noch einmal übernachteten wir, und zwar in einem Gemeindehaus, das luftiger und sauber war. Am Morgen trennten wir uns von Frau Broselat, Erna wollte auch dableiben und auf ihre Eltern warten.

So standen wir schon recht früh auf dem Marktplatz und oh Schreck! natürlich noch viele, viele andere da, die längst schon Nummern hatten vom Tage vorher.

Nur ganz wenig Autos kamen an, die im Nu übervoll waren. Die Aussichten und auch das Wetter waren trübe.

Doch unser Glück verließ uns auch dieses Mal nicht. Es ging schon auf Mittag zu und wir hatten unseren Stand

Tagebuch von Elisabeth Siebert

schon einige Male gewechselt, da kam wieder eine kleine Gruppe von drei bis vier Autos.

Schnell lief ich zu einem Fahrer hin, der auf meine Bitte gewährend mit dem Kopfe nickte, und in dem Auto auch nur noch vier Personen Platz fanden. Schnell winkte ich Thea herbei und unsere sieben Sachen flogen herauf, wir nach. Es kam so schnell, sodass wir uns unseres Glückes erst bewusst waren, als Köslin hinter uns lag.

Rechts und links dehnten sich nun die Pommerschen Felder aus und es war, als wenn wir all die drängende vorwärtsflutende Flüchtlingsmenge hinter uns ließen. Nur wenig Trecks zogen auf der Straße ruhig dahin.

In Plathe hatten wir durch eine Autopanne kurz Aufenthalt und wieder gings weiter auf der Autobahn an Stargrad vorbei. Wir lugten hinten zum Wagen hinaus, es regnete leicht und sacht auf die Straße und die kleinen Barrikaden, die russische Panzer aufhalten sollten, und dämmernd kam die Nacht, als wir über die Elbe fuhren.

Überglücklich waren wir, dass wir nicht nach Stettin brauchten und weit darüber hinaus in Prenzlau auf dem Bahnhof abgesetzt wurden. Hier konnten wir nun wirklich aufatmen, Luft schöpfen und dann in aller Ruhe weitersehen.

Die N. S. V. stellte uns einen Fahrschein nach Pforzheim aus und gab uns Marschverpflegung. Von Papa trennten wir uns, der nach Stettin zurückfuhr, um sich zu stellen.

So verbrachten wir den Tag in Prenzlau in netter Gesellschaft. Bummelten ein wenig in der Stadt, Thea ging sich waschen, während ich mit einem Ortelsburger Mädel zum Fliegerhorst hinausging.

Tagebuch Elisabeth Siebert

An unserm großen Tisch auf dem Bahnhof war es gemütlich. Deutlich noch sehe ich sie alle vor mir. Einen begeisterten Flieger, dessen Maschine dort herunterkam und der auf Abholung wartete. Der ältere nette Hauptmann, der so ergreifend von seiner Kampfzeit in Memel erzählte und von unserer guten Sache sprach, an die er fest glaubte.

Unsere neugegründete Reisegesellschaft, die noch aus den beiden Ortelsburgerinnen, einer Frau aus Bad Godesberg, und unserem Berliner Reiseführer bestand, brach nun auf, Richtung Berlin. Mit der S-Bahn ging es zum Anhalter Bahnhof. Dort hatten wir erst am Abend Anschluss und quartierten uns bei der N. S. V. in einem Luxus-Kaffee ein, die Griessuppe schmeckte prima.

Nun wollte ich auch so viel wie möglich von Berlin mitnehmen. Zum ersten Male in Berlin! Wie hatte ich es mir vorgestellt! – Und wie habe ich es nun erlebt.

Sonntag war es, die Straßen tot und leer, nur der Wind trieb sein Spiel mit Papier und wirbelndem Sand. Trümmer und immer wieder Trümmer klagten trostlos und ach so traurig umher.

Unterm Brandenburger Tor und Unter den Linden standen wir still, sahen das Schloss, das Regierungsviertel und Haus Vaterland, von dem eine Kollegin einstmals schwärmerisch erzählte und [das] nun restlos ausgebrannt war. Ob ich all das einmal in Glanz und Blüte sehen werde?

Wir verließen Berlin ohne Fliegeralarm, den wir fürchteten, und hatten auch weiterhin Glück. Bei Erfurt wurden wir wegen Nachtangriff auf die Stadt umgeleitet, fuhren über Saalfeld und Arnstadt. Über den kleinen Umweg

Während ich nun so viel schreibe, ist
es Ostern geworden. Erster Ostertag!
Das Auswischen und die Unruhe lassen
uns nicht schlafen. Rüssisch[?] Ostern
wünschten wir. Wie können wir unglücklich
u. von ferne das Wollen der Panzer.
Die nun große Waffe weil es auch
hier im Westen vorwärtsfluten bis
zum Herzen Deutschlands.

Der Knüppel, in dem wir sitzen zwischen
Wasser und Fulda, geht immer mehr
zu. Wir sind auch des Scheinwerfers ge-
faßt. Vielleicht kommt der Amerikaner uns
heute schon, vielleicht erst morgen früh.
Immer weniger ist gewiß.

Heute kam auch Papa glücklich von
Pforzheim an, zu Fuß, müde u. verstaubt.
Hat es der Herrgott nicht gewollt,
daß wir den Russen in die Hände
fallen, so wird er uns auch weiter
behüten.

Neudietendorf stiegen wir wieder in den Zug Gotha-Eisenach. Die Wartburg habe ich von ferne bewundern können. In Bebra waren wir nun unserm Ziele ganz nah. Vorerst nahm uns wieder die N. S. V. in ihre mütterliche Obhut und trotz Fliegeralarms und der kurzen Nachtruhe schliefen wir endlich in Betten und friedlich ein.

Am nächsten Morgen früh fuhren Thea und ich, Mama blieb in Bebra, nach Sontra und dann durch günstigen Zufall mit einem Lkw bis Nentershausen.

Hier baten wir um Unterkunft, vorerst für einige Tage, die uns Familie W. auch gewährte. Mit unbeschreiblichen Gefühlen zogen wir nun zu Fuß nach Bebra (16 km) durch den frühlingsgrünen Wald, um Mama abzuholen.

Noch einmal schliefen wir bei der N. S. V. und stärkten uns zum letzten Male mit guter Erbsensuppe. Wir sagten ihr dann »Lebewohl« und landeten am 28. Februar 45 in Nentershausen.

Noch immer sind wir hier. Ein leeres Zimmer mit einigen primitiven Sachen, die wir nach und nach erstanden, hatten wir nach einigen Tagen gefunden, dank der Hilfe von Omi Geckroth. So schlagen wir uns schlecht und recht durch, behelfen uns mit den allernötigsten Sachen. Sind so bescheiden geworden und voller Freude über die kleinste Kleinigkeit, die wir nun zu unserm ganz von vorn anzufangenden Haushalt hier und da erhalten.

Unsere Mahlzeiten bestehen meistens aus einigen abgezählten und mühsam erbettelten Pellkartoffeln, Brennnesseln, die das kostbare Gemüse im Frühjahr ersetzen und wir zum ersten Male essen und Dickmilch, die ich auch erst hier lieben gelernt habe. Von Frau Barzack erhielten wir nun ein paar Beete und es ist unsere Freude

Tagebuch von Elisabeth Siebert

und Zeitvertreib. Ein paar Mal gingen Thea und ich nach Sontra – 9 km – einkaufen, ich einmal aus Rotenburg zu Fuß. Auch im Wald waren wir, haben Holz gesammelt, gesägt und gehackt. Oft laufe ich noch rüber und helfe Herrn Vollmer Phetus bügeln und schneiden. So vergeht die Zeit. Immer wieder stehen wir am Zaun und warten auf Post. Beten und wissen zu genau, dass er nichts bringen kann, weil kein Bekannter weiß, wo wir stecken. Das Warten wird langsam zu einem Martyrium.

Worauf warten wir?

Über uns fliegen tausende Flugzeuge, nur noch als kleine Silberpünktchen erkennbar immerzu und bringen den Tod über unsere Städte.

Wir warten, hoffen und glauben.

Unsere Brüder und Freunde, die besten Soldaten der Welt, kämpfen mit ihrem ganzen Einsatz um unser Leben.

Auf den Sommer freue ich mich. Die Gegend ist herrlich mit der hügeligen Landschaft auch der Anblick der verfallenen Tannenburg, auf der einst Raubritter hausten. Der Wald so nahe und ich durchstreife ihn weit. Er ist mein liebster Aufenthalt. Ihm kann ich alles sagen, was mich bewegt. Er rauscht lieb und leise, als verstände er mich. In seiner erhabenen göttlichen Kraft spürt man die Ewigkeit und wird ruhig. Ich habe so unendliche Sehnsucht und großes Heimweh!

Sehnsucht nach unseren dunklen Wäldern, nach den tiefen blauen Seen. Nach den süßen weiten Kleefeldern. Sehnsucht nach all den Menschen, die den Begriff Heimat vervollständigen, nach meinen Freundinnen, nach schönen Stunden in gemütlichem Heim, nach meinen

Kolleginnen und unserm hellen Behördenhaus. Höre Hausmeisters gemütlich latschende Schritte auf dem Flur und das Klappern seiner Schlüssel.

Mit Erika gehe ich an einem warmen Sommerabend die Seepromenade entlang bis zu einer stillen Bank, auf die wir uns schweigend setzen.

Ilse mit ihrem köstlichen Temperament, Günther mit seiner steten Hilfsbereitschaft und Irmtraud mit ihrer goldenen Fröhlichkeit.

Wie weit liegt doch alles …

Nur das Erinnern bleibt und das selig-süße Versunkensein in vergangenen Bildern. Und der Glaube an das Gute und Schöne.

So kam mir auch das Schwerste im Moment nicht die Hoffnung rauben, dass sich alles zum Besten wenden wird und dass unser Lachen und Singen so froh klingt wie damals und wir Heimatlosen heimkehren mit Andacht und Dank im Herzen. Es kann nicht anders sein.

Während ich nun so viel schreibe, ist es Ostern geworden. Erster April!

Das Ungewisse und die Unruhe lassen uns nicht schlafen. Russische Artillerie verstummte, nun hören wir englische und von fern das Rollen der Panzer. Wie eine große Masse will es auch hier im Westen vorwärts fluten bis zum Herzen Deutschlands.

Der Kessel, in dem wir sitzen zwischen Werra und Fulda, geht immer mehr zu. Wir sind auf das Schlimmste gefasst. Vielleicht kommt der Amerikaner heute schon, vielleicht erst morgen früh, keiner weiß es genau.

Heute kam auch Papa glücklich von Pforzheim an, zu Fuß, müde und verstaubt. Hat es der Herrgott nicht ge-

Tagebuch von Elisabeth Siebert

wollt, dass wir den Russen in die Hände fallen, so wird er uns auch weiter behüten.

Elisabeth Siebert heiratete 1949 ihren Jugendfreund Herbert Gleich, den sie am Anfang ihres Tagebuchs erwähnt. Er konnte 1947 aus einem polnischen Zwangsarbeitslager fliehen und landete nach Monaten schließlich in Hannover, wo auch seine Mutter Zuflucht gefunden hatte. Das Ehepaar Gleich wohnte später mit ihren vier Kindern in Laatzen, südlich von Hannover.

*B*rief von Heinz Holzmann, geboren etwa 1930, an Hedwig Grönke (1900–1973). Der Bericht über den Tod ihres Mannes, Bruno Grönke sen. (1891–1945), galt als Ersatz für einen Totenschein. Beide Männer – Heinz Holzmann mit seinen vierzehn oder fünfzehn Jahren fast noch ein Kind – waren nach dem Einmarsch der Roten Armee von ihrem Heimatdorf Neuschönwalde[141]/Pommern in ein Gefangenenlager in Stalingrad gebracht worden, so wie alle Männer und männliche Jugendliche des Dorfes. Der Brief bezieht sich auf den Rücktransport von Stalingrad.

Plettenberg-Muhlhof,[142] den 5. 9. 46

Liebe Frau Grönke und kleiner Bruder,[143]
mit schwerem Herzen gehe ich an das Schreiben heran, denn ich weiß, dass ich von meinem besten Freund in Russland die Todesnachricht nach Ihnen senden muss, welches ja meine Pflicht ist. Ja, liebe Frau Grönke, an Eides statt kann ich Sie mit diesem Brief versichern, dass Ihr lieber Mann in Russland, fern von seiner geliebten Heimat, den Elend-Tod gestorben ist. Liebe Frau Grönke, ich schildere Ihnen ganz kurz mein Zusammensein mit Ihrem lieben Manne bis zu seinem Tod. Nachdem wir von Pommern weggeholt waren, machten wir einen Fuß-

---

[141] Heute Zajezierze, Polen
[142] Plettenberg-Mühlhoff in Nordrheinwestfalen
[143] Es handelt sich nicht um den Bruder, sondern den Sohn Bruno Grönke junior.

Brief von Heinz Holzmann

marsch bis Posen[144], wo ich stets an der Seite Ihres Mannes gegangen bin. So marschierten wir ohne es zu wissen unserm Elend, er sogar seinem Tod entgegen. Von Posen aus wurden wir in der Bahn verladen, die stets nach Richtung Osten rollte. Ihr Mann befand sich im Nebenwaggon. Nach dreizehntägiger Fahrt trafen wir in Stalingrad (Russland) ein. Von da an begann ein Hungerleben und ein trauriges Leben, denn täglich starben durchschnittlich vier bis zehn Mann. Elendig waren wir alle verkommen wie die Sklaven, fast täglich sprach ich mit Ihrem Mann, den ich zum besten Freund gewonnen hatte, über unsere Heimat, ob wir sie wohl noch einmal wieder sehen würden. Schwer arbeiten und wenig essen war unser Leben. Doch einst kam der Tag, es war am 2. 10. 45, wo es hieß, es geht der Heimat zu. Wir beide, sehr abgemagert und verhungert, strahlten vor Freude, als es hieß, es geht nach Hause; als wir aus dem Lager abrückten zur Bahn, sprach ich nochmals Ihren Mann und redete ihm Mut ein. Ich sagte: Er sollte die Ohren steif halten, es geht der Heimat zu; so meinte er: Heinz, mein Junge, wir werden es schaffen. Freudenstrahlend reichten wir uns die Hand und wir wurden verladen. Ihr Mann wurde im Nebenwaggon eingeladen, da wir ja nicht beide bei einem Zug[145] waren. Nun rollten wir freudig der Heimat zu. Auf der Fahrt haben wir sehr schlechtes Essen bekommen. Ihr Mann wurde im Zusehen elendiger, ich konnte ihm aber nicht helfen, da ich selbst nichts zu essen hatte. Noch immer sprach ich ihm Hoffnung und Trostworte zu. Etwa

---

[144] Heute Poznań, Polen
[145] Teileinheit von zwölf bis sechzig Soldaten, hier bezogen auf die Gefangenen.

Brief von Heinz Holzmann

am achten Tag der Fahrt, glaube ich, ich weiß es nicht genau, an welchem Tag, ob es der sechste, siebte oder achte Tag war, ist denn Ihr lieber Mann von mir gegangen, er hat keinen schweren Tod gehabt, er ist eingeschlafen und nicht mehr aufgewacht. Wie es den meisten Kameraden ging. Längere Tage noch dachte ich an ihn, dass er die Strapaze soweit überstanden hatte, und dann auf dem Heimwege sterben musste. Es war kurz vor Kowel in Russland, wo Ihr Mann verstorben ist. Wie die Leute auf der Fahrt beerdigt wurden, werden Sie sich ja denken können, wo der Zug hielt, wurde ein Loch gemacht, und dann wurden die Leute begraben. So fuhr ich dann allein nach Deutschland. Ihr Mann hat mir nichts mehr Weiteres von Ihnen gesagt, was ich noch bestellen sollte.

Nun liebe Frau Grönke und Bruno, ich hoffe, dass ich Ihnen das Wichtigste geschildert habe. Wir sind von 800 Mann nur noch 140 Mann wieder in Deutschland eingetroffen, die anderen sind in fremder Erde.

Nun werde ich schließen. Mutter bedankt sich für Ihren lieben Brief, und lässt schön grüßen.
 Viele Grüße sendet Ihnen sowie kleinem Bruno
 Heinz Holzmann

Heinz Holzmann fand in Plettenberg-Mühlhoff seine Mutter und die jüngeren Brüder wieder. Über das Rote Kreuz erfuhr er die Anschrift von Hedwig Grönke. Der Brief an sie wird aufbewahrt von ihrem Sohn, der über das weitere Leben des Absenders jedoch nichts mehr erfahren hat.

Ihr Mann hat mir nichts mehr
weiteres von Ihnen gesagt was ich
noch bestellen sollte.

Nun liebe Frau Gröschke u Bruno
ich hoffe, daß ich Sie
das Wichtigste geschildert habe.
Wir sind von 900 Mann nur
noch 140 Mann wieder in Deutschland eingetroffen die anderen sind
in fremder Erde.

Nun werde ich schließen
Mutter bedankt sich für Ihren
lb. Brief, und läßt schön grüßen.
Viele Grüße sendet
Ihnen sowie lbl. Bruno
Heinz Holzmann

Brief von Heinz Holzmann

Bericht von Max Birkhahn[146], Postbeamter, über die Flucht aus Königsberg[147] mit seiner Frau Hedwig (1906–1967), geborene Müller, Studienassessorin. Sie hatten zunächst vor, gemeinsam mit den Eltern von Hedwig und der Mutter von Max zu fliehen. Wie im folgenden Bericht beschrieben, ist dies dann nur dem jungen Ehepaar gelungen. Über das Schicksal von Hedwigs Eltern berichtet der Brief von Minna Lottermoser.

Max Birkhahn ist 1945 etwa dreiundvierzig Jahre alt.

Wie ich meine Frau aus Königsberg (Preußen) herausholte. Erlebnisbericht von Max Birkhahn. Februar 1945

Am 23. 1. 1945 waren wir, meine Frau, meine Schwiegereltern und meine Mutter, auf dem Königsberger Hauptbahnhof in einem langen Güterzug untergekommen, der sich langsam in Bewegung setzte. Es war sehr kalt. Die Wagons waren unheizbar und überfüllt. In unserem Wagon war ich der einzige Mann. Es gab keine Bänke. Die Menschen saßen stumm am Boden. Jeder hatte nur das Notwendigste bei sich. Ich sehe noch meine Mutter vor mir kauern, einen großen Weidenkorb vor sich, aus dem sie dann und wann etwas zu essen anbot. Jeder war mit sich beschäftigt oder sah in die kalte Schneelandschaft, durch die sich der lange Zug mühsam irgendeinem Ziel entgegenquälte. Nach Stunden hielten wir auf einem

---

[146] Seine Lebensdaten sind dem Besitzer des Dokuments nicht bekannt, vermutlich war Max Birkhahn Jahrgang 1902.
[147] Heute Kaliningrad, Russland

Bericht von Max Birkhahn

Bahnhof. Ich glaube, es war Braunsberg am Frischen Haff. Auf dem Bahnsteig war nur wenig Betrieb. Es waren ein paar Menschen ausgestiegen. Man wollte wissen, was der Aufenthalt bedeutete. In der Ferne waren Schüsse zu hören. Waren es Panzer? Oder Artillerie? Auf dem Bahnsteig fuhren zwei schwarz verhangene, vierrädrige Karren vorbei! Sicher waren es die ersten Toten aus unserm Zuge. Dann brauste ein D-Zug vorbei in Richtung Königsberg. Einige Zeit später hieß es: Der Russe sei bereits bis Elbing vorgestoßen und wir müssten wieder zurück, und zwar würde man uns ins Samland, nördlich von Königsberg, bringen. Wir sollten in Königsberg nicht aussteigen, die Stadt wäre überfüllt. Es dauerte noch lange, ehe wir uns wieder in Bewegung setzten, aber in entgegengesetzter Richtung. Ich wollte auf keinen Fall ins Samland. Von dort könnte uns auch keine »Wunderwaffe« befreien. Als der Zug nach Stunden im Bahnhofsgelände von Königsberg hielt, bewog ich meine Leute, dort auszusteigen. Wir gingen über Gleise und erreichten unsere Wohnung, die etwas am Stadtrand lag. Es war schon dunkel und wir mussten beratschlagen, was zu tun sei. Meine Schwiegermutter war eine sehr resolute Frau. Mit ihr haben wir, meine Frau und ich, heimlich verabredet, dass wir auf keinen Fall den Russen in die Hände fallen wollten. Hedwig und ich wollten uns irgendwo im Walde erschießen und meine Schwiegermutter sollte nachts die Gashähne aufdrehen.

Da trat mein Schwiegervater ins Zimmer, er hatte unsere Besprechung belauscht, und sagte: »Ich will euch aber nicht hier liegen sehen. Ihr beide könnt doch versuchen, herauszukommen. Ihr braucht doch nichts mitzunehmen, ihr habt doch euer Kapital im Kopf. Ich bleibe sowieso hier und werde für euch beten.« Meine Mutter war mit ihren Gedanken doch nur am Grab meines Vaters, das in Insterburg, 90 km nach Osten, war. Also legten wir uns schlafen, um am andern Morgen alle notwendigen Vorbereitungen zu treffen. Meine Frau meldete sich bei ihrer Behörde ab und hob alles verfügbare Geld ab. Wir gingen zum Hafen, wo man den Abtransport der Frauen und Kinder per Schiff organisierte, und ließen unsere Eltern in Listen vormerken. Am Nachmittag machten wir unser Marschgepäck fertig. Ich wollte mit meiner Frau zu Fuß auf der Reichsstraße 1 in Richtung Danzig gehen, und zwar etwa bis Braunsberg und dann über das Frische Haff, das an dieser Stelle nur 4 km breit ist und bei -18 °C wegen seiner geringen Tiefe sicherlich zugefroren war, um dann nach Danzig zu gelangen. Meine Frau hatte einen festen Tuchmantel mit Hamster, Pelzstiefel und einen Rucksack. Es war empfindlich kalt, -18°. Als das Gut Kalgen hinter uns in der Dunkelheit verschwunden war, bogen wir links ab und schlugen die Richtung West ein. Gleich an der Chaussee im Graben bemerkte ich zwei Landser mit Gewehren. Sie ließen uns passieren.

Vor uns musste das Frische Haff sein. Es war unendlich still. Einmal hörte ich rechts vor uns in der Ferne einen Hund anschlagen. Es war der einzige Laut in der Stille. Wir mussten unmittelbar vor dem Haff sein. Rechts von uns, wo der Hund gebellt hatte, lag wahrscheinlich Haffkrug. Dann wusste ich genau, in welcher Richtung Pillau lag. Dort wollte ich über das Pillauer Tief auf die Frische Nehrung gelangen, um auf diesem Weg nach Elbing und unter Umständen nach Danzig zu kommen. Der Landweg war mir jedenfalls das zweite Mal verwehrt worden. Ich blieb stehen und versuchte in der Dunkelheit vor uns irgendeinen Anhalt zu erkennen. Es war eine undurchsichtige, im Schneelicht ungewiss durchleuchtete Wolke. Sie schien wie ein Nebel, der jede Entfernungsschätzung unmöglich machte. Wir mussten uns auf dem Haff befinden. Ich sagte zu meiner Frau: »Wir sind auf dem Eis. Ich rieche es. Wir werden uns in die Bettlaken hüllen.[148] Du gehst ein paar Schritte voraus in jener Richtung. Dort ist Pillau, etwa 25 km. Ich bleibe hinter Dir und dirigiere Dich, damit wir nicht im Kreise laufen.« Wir machten uns fertig und marschierten los. Der Schnee lag ziemlich hoch. Manchmal stolperten wir über Schneewehen, die wir in der Dunkelheit nicht ausmachen konnten. Wir mochten eine Stunde wortlos unterwegs gewesen sein, als ich links von mir in 30 m Entfernung einen mannshohen Schatten aufspringen sah. Ich entsicherte meine Pistole. Ich sagte nichts meiner Frau, um sie nicht zu beunruhigen. Ich beobachtete das unheimliche Wesen, das sich geduckt hatte, um bald wieder lautlos aufzuspringen und … es flog in die Dunkelheit … eine Krähe. Das Schneelicht und der Nebel hatten mich getäuscht.

Wir trotteten weiter. Meine Leuchtzifferuhr zeigte 23 Uhr. Wir hatten nichts zu trinken mitgenommen, nur ein paar belegte Brote. Aber die waren bereits gefroren. Hedwig wollte unbedingt Schnee essen. Ich musste ihn ihr aus der Hand schlagen. »Du darfst auf keinen Fall Schnee essen. Der macht dir Mund und Rachen wund.« Einmal wischte über den ganzen Westhimmel

---

[148] Vielleicht zur Tarnung?

in Richtung Pillau ein gewaltiger Lichtschein. Nach 30 oder 45 Sekunden fing das Eis an zu beben und zu wogen. Nach ein paar Sekunden kam der Donner hinterher. Später erfuhren wir, dass in Richtung Pillau ein ganzer Autozug voller Minen und Munition durch Sabotage gesprengt worden war. Wir wanderten weiter durch die Nacht. Auf einmal bemerke ich ganz in unserer Nähe ein Tier, das uns immer enger umkreist. Ich entsichere meine Pistole und versuche zu erkennen, was für ein Wesen es ist. Wölfe gab es in strengen Wintern immer in Ostpreußen. Die kamen stets in Rudeln. Sie griffen aber nicht Menschen an. Einzelgänger sind gefährlicher. Aber die gehen nicht über das Eis. Jetzt war es verschwunden. Nach etwa einer halben Stunde tauchte es auf einmal wieder auf. Es <u>muss</u> ein Wolf sein. Ich überlegte: einfach drauflos zu schießen, ist sinnlos. Er muss mich anspringen, dann würde ich ihm in den Rachen schießen. Ich war ganz ruhig und beobachtete, wie er uns umkreiste. Meine Frau hatte ihn nicht bemerkt. Sie war sowieso nachtblind. Dann war er auf einmal verschwunden. Später erfuhr ich, dass es Meldehunde waren, die vom Pillauer Seeflughafen nach Königsberg geschickt worden waren. Sie sollen schlimmer sein als Wölfe. Beim geringsten Widerstand greifen sie an und sind dann unüberwindlich.

Es musste inzwischen weit über Mitternacht sein. Wir waren am <u>Pillauer Seekanal</u> angelangt, der in der <u>Nähe des Nordufers durch das Frische Haff</u> verläuft. Wir waren beide völlig entkräftet. Ich wollte über die mit Bäumen und Sträuchern bewachsene Landaufschüttung ans Kanalufer, um Hilfe herbeizurufen. Es war ein beschwerlicher Weg,

Bericht von Max Birkhahn

der meine letzten Kräfte aufzehrte. Auf der anderen Seite war zwar ein größeres Gehöft, aber trotz Halli- und Hallogeschrei blieb alles ruhig. Zurück? Ich konnte nicht und wollte es nicht, von meiner Frau ganz zu schweigen. Sie war zum Schluss nur noch getaumelt. Und dann kam ein Dampfer, voll besetzt. Wir hörten Stimmen. Wahrscheinlich waren es Königsberger, die nach Pillau evakuiert wurden. Rufen war aussichtslos. Sie würden nicht halten. Wir mussten wieder aufs Eis zurück. Ich nahm meiner Frau den Rucksack ab und schnallte ihn mir vor die Brust. Es war zu viel. Ich strauchelte, fiel in den Schnee, konnte mich nur mit Mühe wieder aufrichten. »Ich kann nicht mehr. Wir müssen Schluss machen.« Sie ging voraus. Ich setzte ihr die Pistole ins Genick. Sie ging ruhig weiter. Dann blieb sie stehen, drehte sich um und fragte: »Warum schießt du denn nicht?« – »Ich kann nicht.« – »Dann lass uns weitergehen.« – »Gut, dann wollen wir uns aber erst ausruhen.« Ich baute im Gebüsch einen Windschutz aus den beiden Laken. Bindfaden hatte ich im Rucksack. Als Unterlage hatte ich eine große Gummiplane mitgenommen. Dann setzten wir uns gegeneinander. Sie hatte einen Tuchmantel mit Hamstersack und ich einen gefütterten Fahrermantel an. »So, nun schlafe.« Sie schlief sofort ein. Ich sah auf meine Leuchtzifferuhr. Eine halbe Stunde durfte sie schlafen, dann muss ich sie wecken. Ich muss wach bleiben, sonst sind wir beide verloren. Wie langsam die Zeiger sich bewegen. So, nun muss ich sie wecken. Ich rufe sie an, ich schlage sie mit Fäusten, reiße sie hoch, stoße und schlage ihr ins Gesicht bis sie sich endlich bewegt. Dann ziehe ich sie aus: Schuhe, Strümpfe und Unterhosen. Ich reibe sie mit Schnee ab, ziehe sie wieder an. »Komm, bewege Dich, stampfe mit den Füßen auf.« Gott sei Dank, es geht weiter. Nach einer halben Stunde baue ich wieder ein Lager auf, gebe ihr meine Uhr und sage: »Nach einer Stunde musst du mich wecken. Du musst mich schlagen, so lange, bis ich die Augen aufschlage.« Ich schlief sofort ein und fühlte mich sehr wohl. Der Schneetod ist herrlich. Warum schlägt sie mich nur. Ich will doch nicht aufwachen. Ich recke mich in den Schnee. Da höre ich plötzlich ein Wimmern: »Wach doch endlich auf, bitte, bitte.« Ich rappelte mich hoch, baute das Lager ab, schnallte mir beide Rucksäcke um, und wir stapften weiter durch den Schnee. Da bemerkte ich plötzlich neben mir einen Tennisball-großen, schwarzen Flecken. Beim näheren Hinsehen erkenne ich Pferdeäpfel und dann auch Wagenspuren. »Hedwig, ich glaube, hier ist ein Pferdefuhrwerk gefahren. Sie mal, dort erkenne ich Bäume. Ich glaube wir sind auf der künstlichen Insel in der Peiser Bucht. Dann sind wir gerettet.«

Zwischen den Bäumen erkannten wir eine Bretterbude, aus der ein Lichtschein drang. Wir traten ein. Drinnen war es warm. Eine Petroleumlampe erhellte den engen Raum nur dürftig. Drei Landser hockten stumpfsinnig um den Kanonenofen und tranken Tee. Auf meine Frage, was sie hier für eine Aufgabe hätten, erzählten sie, dass sie aus Königsberg übers Eis gekommen wären. Ihr Führer sei nach Pillau gegangen, um zu erkunden, ob sie dort hinein könnten. Er würde sie bald abholen. Sie wären schon zwei Tage hier. Ich bat sie um Tee. Sie könnten auch Kerzen dafür erhalten. Einer der Landser holte in einem Kochgeschirr Schnee und kochte Tee. Sie gaben uns sogar Zucker. Wir zogen unsere Mäntel aus. Meine

Bericht von Max Birkhahn

Frau stellte ihre Pelzstiefel an den Ofen und wir machten es uns auf einfachen Stühlen für ein paar Stunden bequem. Am andern Morgen um 10 Uhr wachte ich auf und weckte meine Frau, die noch immer fest schlief. Wir zogen uns an. Ich gab den Landsern den Rat, selbständig nach Pillau zu gehen. Mir erschien es fragwürdig, dass sie abgeholt würden. Aber sie erwiderten nur, dass sie den Befehl befolgen und warten müssten.

Wir gingen ohne Gruß hinaus und waren bald am Tief, der Verbindung zwischen dem Haff und der Ostsee, das etwa 3 km breit ist. Der Himmel war dunstig verhangen. Die Sonne schien. Eine Ju 52[149] flog im Tiefflug über das Eis. Wahrscheinlich wurden Verwundete aus dem Kampfgebiet herausgeflogen. Ganz weit drüben erkannte ich die Landseite des Haffs. Dort sah ich pausenlos Fontainen aus dem Eis aufsteigen. Das waren Bombeneinschläge sowjetischer Flugzeuge auf litauische und ostpreußische Flüchtlinge, die mit Pferd und Wagen das Haff überqueren wollten. Es sind Tausende umgekommen, ertrunken. Weiter rechts erkannte ich auch den Anfang der Frischen Nehrung. Dort wollte ich hin. Ich sagte zu meiner Frau: »Folge mir in einem Abstand von 30 Schritt und tritt genau in meine Fußstapfen.« Im Tief trifft das Brackwasser mit dem Seewasser zusammen. Die Ostsee war offen und an der Berührungsstelle oft eine gewisse Schollenbewegung. Ich wollte nicht, dass wir beide in eine offene Spalte gingen. Ich ging vorsichtig über das Eis, klopfte mit dem Absatz die Schollen ab, um die Festigkeit zu ertasten. Dann beobachtete ich die offenen Stelle, die in einiger

---

[149] Junkers 52, dreimotoriges Verkehrsflugzeug

Bericht von Max Birkhahn

Entfernung zu erkennen war. Nach dort hin war das Eis weniger stabil. Es wäre besser, wenn ich mich mehr nach dem Haff hinwandte. Dann kamen Schneewehen. Darunter konnten offene oder dünn überfrorene Spalten sein, und ich wandte mich wieder zur See hin. So tastete ich mich allmählich im Zick-Zack über das Eis, meine Frau folgte mir getreulich in dreißig Schritt Entfernung. Wir waren fast drüben, ich erkannte bereits einige Baracken, als uns zwei Soldaten entgegenkamen. Jeder hatte einen Karabiner mit aufgepflanztem Seitengewehr umgehängt. Sie kamen näher, und ich erkannte, dass sie grau-grüne Uniformen trugen. Das könnten Russen sein. Ich entsicherte meine Pistole, hielt sie aber in der Manteltasche. Wenn einer den Karabiner in Anschlag genommen hätte, hätte ich beide umgelegt. – 1932 war ich in der Schwarzen Reichswehr[150] und wurde dort zum Scharfschützen ausgebildet. Ich habe immer absolut sicher geschossen, auch mit der Pistole. – Da rief mich der erste an: «Halt! Hände hoch!« Ich ließ die Pistole entsichert in der Manteltasche und hob die Hände hoch, meine Frau ebenfalls. Im Näherkommen erkannte ich zwei etwa 16-jährige Arbeitsdienstmänner[151]. »Haben Sie Waffen?«, wurde ich gefragt. »Ja, in der Manteltasche.« Der Junge holte meine Pistole heraus. »Sie ist ja entsichert! Wollten Sie schießen?« – »Nach Ihnen, aber ich hätte getroffen.« Er behielt die Waffe, und wir mussten in ihrer Mitte zu den

---

[150] Die Schwarze Reichswehr war eine illegale paramilitärische Organisation während der Weimarer Republik.
[151] Seit 1935 war ein »Reichsarbeitsdienst« von sechs Monaten Pflicht für alle Jugendlichen zwischen 18 und 25 Jahren. Möglicherweise meint Birkhahn Mitglieder des »Volkssturms«, zu dem man sich freiwillig auch schon mit 16 Jahren melden konnte.

Bericht von Max Birkhahn

Baracken gehen. Ich erkannte vier 8,8 Flak und ein großes Scherenfernrohr. Sie brachten uns zu einer der Baracken, in der uns ein junger, etwa dreißigjähriger Arbeitdienstführer in Range eines Majors in Empfang nahm. Er legte mir die Hand auf die Schulter mit den Worten: »Ich verhafte Sie, Sie sind ein Spion. Bitte Ihre Papiere.« Ich reichte ihm mein Soldbuch und meinen Urlaubsschein. Er sah mich prüfend an und sagte: »Das stimmt alles, aber ich muss Sie dennoch verhaften. Sie sind ein Spion.« Auf meine Frage, wieso ich ein Spion sein solle, antwortete er: »Ich beobachte Sie seit zwei Stunden durch mein Scherenfernrohr. Sie sind durch mein 2 Kilometer tiefes Minenfeld gegangen und haben eine enge, zickzackförmige Passage benutzt, die ich für meine Männer offen gelassen habe. Sie hätten hochgehen <u>müssen</u>. Jedes Mal, wenn Sie in eine Mine hätten gehen müssen, haben Sie den richtigen Haken geschlagen und das auf 2 Kilometer. Woher wussten Sie die Lage meines Minenfeldes?« Indem ich zum Himmel wies, antwortete ich: »Da müssen Sie dort oben nachfragen. Ich kann Ihnen das nicht erklären.« Als ich ihm dann von dem Fluchtweg während stockdunkler Nacht und von den angeblichen Wölfen erzählte, meinte er: »Das waren unsere Meldehunde, die sind viel gefährlicher als Wölfe.« Er sah uns an wie Wesen aus einer anderen Welt. Meine Frau zeigt ihm ihre ganzen Papiere, u. a. Reifezeugnis und Ernennungsurkunde zur Studienassessorin. Er ließ uns verpflegen und in einer <u>Pinasse</u>[152] <u>nach Pillau</u> bringen.

---

[152] Beiboot von Kriegsschiffen

Bericht von Max Birkhahn

In Pillau angekommen, begab ich mich sofort zur Frontleitstelle, die nicht zu übersehen war. Denn vor dem Eingang stauten sich etwa hundert Soldaten. Offensichtlich waren es Versprengte. Ich drängte mich durch den Haufen und arbeitete mich bis zu einem provisorisch eingerichteten, langen Tresen vor. Dahinter stand ein Oberst, der ein Ritterkreuz mit Eichenlaub, Schwertern und Brillanten trug. Er forderte sofort mein Soldbuch und gab es einem Obergefreiten, der es auf einen der vielen Stapel an der Wand legte. »Sie gehen zum Bunker Großer Kurfürst« und wandte sich dem nächsten Landser zu. Ich ging nach draußen und sagte zu meiner Frau, sie solle zusehen, wie sie fortkäme. Ich müsste hier bleiben. Sie antwortete: »Allein gehe ich nicht. Dann bleibe ich auch hier.« Was sollte ich tun? Ohne lange zu überlegen begab ich mich wieder in die Frontleitstelle und reichte dem Oberst meinen Spezialistenschein, auf dem mein Kompaniechef bescheinigt hatte, dass ich in derartigen Fällen unverzüglich zu meiner Einheit (in Flensburg) zurückzuschicken sei. Der Oberst las den Schein und gab ihn mir mit den Worten zurück: »Das hat sich ausspezialisiert!« Ich sah ihm unbewegt und ruhig zwischen die Augenbrauen, ohne mich zu rühren. Da wandte er sich an den Obergefreiten: »Geben Sie dem Mann sein Soldbuch zurück und eine Fahrkarte für den Verwundetentransport xy.« Als ich beides hatte, fragte ich, ob ich auch für meine Frau eine Fahrkarte erhalten könnte. Darauf sagte er sehr scharf und näselnd: »Wenn Sie noch lange meckern, nehme ich Ihnen beides wieder weg und zwar endgültig!« Ich zwängte mich rückwärts durch die Soldaten zum Ausgang, ihn ruhig und unbewegt ansehend.

Bericht von Max Birkhahn

Draußen erwartete mich angstvoll meine Frau. Als ich ihr Soldbuch und Fahrkarte zeigte, fragte sie entsetzt, ob ich ohne sie fahren würde. Ich zerriss die Karte mit den Worten »Habe keine Angst. Ohne dich fahre ich nicht fort. Wir müssen versuchen, auf andere Weise hier herauszukommen. Wir wollen zunächst sehen, ob es nicht eine Organisation gibt, die vielen Flüchtlinge aus Pillau hinauszuschaffen.« Die fanden wir sehr bald. Und dort entdeckte meine Frau auch einen Kollegen, der die Organisation leitete. Es waren Tausende, die namentlich in endlosen Listen erfasst wurden. Wir ließen uns ebenfalls aufnehmen. Woran es fehlte, das waren die Schiffe. Und der Russe versuchte bereits, Pillau durch das Samland zu erreichen. Wir begaben uns in den »Goldenen Anker«, das berühmte Lokal, in dem viele namhafte Persönlichkeiten eingekehrt waren. Was nützt es, Namen aufzuzählen, die Zeit ist ja doch vorbei. In einem Raum fanden wir an einem großen, runden Tisch zwei freie Stühle. Es war bereits dunkel geworden, und wir hatten Hunger. Essen gab es reichlich. Wir mussten es uns in Schüsseln holen. Irgendwo wurde pausenlos für die vielen Menschen, fast ausschließlich Frauen und Kinder, gekocht. Wir schliefen im Sitzen. Ich wachte sehr früh auf und überlegte, was ich unternehmen könnte. Das ziellose Warten gefiel mir gar nicht. Um 7.30 Uhr sagte ich zu meiner Frau, dass ich nach draußen gehen müsste, um mir die Beine ein wenig zu vertreten. Es war noch dunkel, aber im ersten Dämmerlicht konnte man doch schon einige Einzelheiten erkennen. Ich ging am Hafenkai entlang und erkannte einen Marinehochseeschlepper. Am Landesteg stand ein Matrose. Ich fragte: »Legt ihr ab?« – »Ja, sehr bald.« –

»Kann ich mitkommen?« – »Ja, steig ein.« – »Ich muss erst meine Frau holen.« – »Dann kommst du zu spät.« Ich lief zum »Goldenen Anker«, trat langsam und gelassen ein, setzte mich an den Tisch, an dem alle schon wach waren und mich erwartungsvoll anstarrten. Ich sagte nur: »Es ist alles ruhig draußen. Der Gang hat mir ganz gut getan.« Nach einer Weile bat ich meine Frau: »Du musst Dich auch einmal bewegen, nur ein paar Schritte«.

Später ging ich an Deck,[153] um zu sehen, was sich draußen tat. Es war schwerer Seegang und Schneesturm. Deck, Aufbauten und Trossen waren dick vereist. Hinter uns erkannte ich an einer langen Trosse einen Schiffskörper, der hoch aus dem Wasser ragte. Es war ein Neubau, der nach Danzig in Sicherheit gebracht werden sollte. Die hohen Schiffswände wirkten wie Segel, so dass das Schiff immer wieder vorausfuhr. Der Schlepper musste beidrehen, um es zu halten, und arbeitete sich dann wieder langsam an die Seite. Am andern Morgen lagen wir vor Danzig, konnten aber nicht einfahren, weil der Seegang zu stark war. Wir mussten schließlich nach Gotenhafen fahren, wo wir an Land gingen. Der Schneesturm hatte nicht nachgelassen. Wie mochte es auf dem Haff sein? Für uns war es die letzte Möglichkeit gewesen, aus Ostpreußen herauszukommen. Aber wir waren immer noch nicht in Sicherheit. Wir gingen zunächst zu einer langen Baracke, setzten uns an einen langen Brettertisch und aßen aus Schüsseln Erbsensuppe. Überall saßen Soldaten herum, wahrscheinlich Versprengte. Es wurde nicht gesprochen. Überall herrschte unheilvolle

---

[153] Die beiden haben also den Hochseeschlepper noch erreicht.

Stille. Wir begaben uns in die Hafenbecken, in denen große Schiffe lagen, zu einem großen Gebäude, der Hafenkommandantur. Uns kamen Menschen mit Koffern und Gepäckstücken entgegen, die alle zum Hafen gingen. Es waren in der Hauptsache Frauen in Pelzen mit Kindern. Nur wenige ältere Männer waren unter ihnen. Ich begab mich in die Frontleitstelle. Dort nahm mir ein Obermaat das Soldbuch ab und verwies mich zum Waffenempfang in ein Gebäude. Ich trat zu meiner Frau, die draußen auf mich gewartet hatte, und sagte ihr, dass sie versuchen solle, mit einem der großen Schiffe wegzukommen. Von den Strapazen der letzten Tage war meine Frau so kraft- und willenlos geworden, dass sie nichts mehr allein untenehmen konnte. Sie brach in Tränen aus und sagte immer wieder: »Ich gehe nicht von hier fort.« Nun, ich ging nach kurzer Überlegung noch einmal in die Hafenkommandantur, aber nicht zum Obermaat. Der hätte mich hinausgeworfen. Ich stieg die Treppe höher. Dort stand an einer Zimmertür: Hafenkommandant Oberst xy. Anmeldung Zimmer … . Hier war ich also richtig. Ich klopfte an. Von drinnen hörte ich ein unmilitärisches »Herein«. Ich trat ein, machte Meldung und fügte hinzu: »Bitte Herrn Oberst meine Sachlage unumwunden schildern zu dürfen.« Er antwortete: »Bitte setzen Sie sich.« Damit hatte ich alles gewonnen. Ich setzte mich auf einen Stuhl neben seinem Schreibtisch und schilderte ihm den ganzen Hergang meines Versuches, meine Frau, Schwiegereltern und Mutter aus Ostpreußen herauszuholen. Nun sei ich mit meiner Frau hier gelandet und fest entschlossen, sie auf keinen Fall den Russen in die Hände fallen zu lassen. Der Oberst

Bericht von Max Birkhahn

meinte etwas kleinlaut: »Na, so schlimm kann es wohl nicht werden. Das sind doch auch Menschen.« Darauf erwiderte ich: »Oh, da irren Sie sich aber sehr. Ich habe den 1. Weltkrieg als Kind erlebt. Damals waren die Russen auch in Ostpreußen eingefallen und haben furchtbar gehaust. Diesmal wird es um ein Vielfaches grausamer sein. Wenn Sie wollen, gebe ich Ihnen mein Ehrenwort, dass ich zurückkommen werde. Aber ich muss erst meine Frau aus dem gefährdeten Bereich hinausbringen.« Der Oberst griff zum Fernsprecher und sprach offensichtlich mit dem Obermaat: »Geben Sie dem Gefreiten Birkhahn das Soldbuch zurück und Fahrkarten für die Gustlow.« Ich stand auf, grüßte militärisch und rannte die Treppe hinunter zur Frontleitstelle, wo mich der Obermaat mit großen Augen anstarrte. Er fragte mich ungläubig: »Wie hast Du das gemacht? Gotenhafen ist ebenso wie Danzig zur Festung erklärt worden. Hier kommt kein Mann unter sechzig hinaus, geschweige denn ein Soldat.« Er gab mir kopfschüttelnd mein Soldbuch und zwei Fahrkarten für die Gustlow. Meine Frau nahm es teilnahmslos, wie selbstverständlich hin, dass wir beide fortkonnten. Der Schneesturm war noch stärker geworden. Wir schlossen uns dem Menschenstrom an, der sich in Richtung zu Hafen bewegte. Unterwegs trafen wir zwei Hitlerjungen von etwa zwölf Jahren in Uniform, die frierend Schnee schippten. Welch sinnlose Tätigkeit. Am Hafen stiegen wir mit den Menschen auf ein Fährschiff von der Kriegsmarine. Neben mir stand ein Matrose. Ich fragte ihn: »Wohin fahrt ihr?« – »Zur Gustlow.« – »Wo liegt die?« – »Da draußen auf Reede.« In etwa 800 m Entfernung erkannte ich eins der KdF[154]-Schiffe, an denen ich 1926 auf der Stettiner Vulkan-Werft als Schiffszimmermann gearbeitet hatte. Es sollten Hilfskreuzer werden, waren aber als Passagierdampfer getarnt. Unter Hitler fuhren sie als KdF-Schiffe. Die Gustlow hatte Tarnanstrich. Auf einmal verwandelte sich das Schiff vor meinem geistigen Auge in einen riesigen schwarzen Sarg. Ich fasste meine Frau beim Handgelenk und sagte zu ihr: »Komm, ich muss hier runter. Ich steige nicht ein.« Sie sträubte sich und schimpfte: »Wir werden nicht wegkommen. Du bist immer so dickköpfig. Wo willst du denn hin?« Die Menschen strömten immer nach an Deck, schlugen mich mit Fäusten und drängten mich zurück. Aber ich gab nicht nach. Irgend etwas in mir gab mir Kraft. Ohne zu wissen wie, gelangten wir an Land. Dort war ich ganz ruhig und ging durch den Schneesturm um das eine der drei großen Hafenbecken. Meine Frau stolperte willenlos mit durchlaufenen Füßen hinter mir drein. Am Ende des Beckens lag das Walfangmutterschiff Walter Rau. Mir war es klar, dass wir in diesem Schiff bleiben würden. Walter Rau war während des Krieges mit sechs U-Booten in der Ausbildung von U-Bootmannschaften eingesetzt worden. Am Fallreep sah ich Matrosen stehen. Mir war klar, dass sie mich am Einsteigen hindern würden. Ich überließ meine Frau sich selbst und ergriff zwei Koffer einer alten Frau. Als ich zu den Matrosen kam und einer mich fragte: »Hallo, wo willst Du denn hin?« antwortete ich: »Ich helfe ihr nur die Koffer tragen. Ich komme gleich wieder zurück.« Als ich oben war, suchte ich die

---

[154] »Kraft durch Freude«, nationalsozialistische Organisation mit der Aufgabe, die Freizeit der Bevölkerung zu gestalten.

erstbeste Kajüte, haute mich in einer der oberen Kojen und stellte fest, dass meine Frau auch anlangte. Sie war mir auf dem Fuße gefolgt wie auf dem Eis.
Auf ihrer Fahrt nach Dänemark am 30. Januar wurde die »Wilhelm Gustloff« von russischen Torpedos getroffen und sank. Von den über 10.000 Passagieren überlebten nur wenige.[155]

Hedwig und Max Birkhahn landeten nach ihrer Flucht in Hannover. Hedwig wurde Studienrätin an der Elsa-Brandström-Schule, Max technischer Oberinspektor bei der Post. Nach Auskunft seines Neffen war Max Birkhahn »oft ein Mann mit Zweitem Gesicht und etwas sonderlich, aber in dieser Hinsicht wie im Bericht äußerst glaubwürdig«.

---

[155] Der letzte Absatz ist in anderer Schrift geschrieben, stammt also vermutlich von einer anderen Person.

*B*rief von Minna Lottermoser an Horst Schleuning, der Schwiegersohn des Ehepaars Müller, von dem dieser Brief berichtet. Fritz und Maria Müller blieben 1944 in Insterburg/Ostpreußen[156], während die beiden Töchter, Lieselotte Schleuning und Hedwig Birkhahn in den Westen fliehen konnten.

Über Minna Lottermoser weiß der Besitzer des Briefes nicht mehr als das, was hier zu lesen ist.

Oberlungwitz [Sachsen], den 25. 5. 48

Herr Schleuning! Ich habe Ihre Karte erhalten und bin gern bereit, Ihnen nähere Antwort zu übermitteln. Ich lernte Ihre Eltern am 6. Mai 45 in Alt-Ilischken[157] bei Wehlau kennen. Wir kamen dort gemeinsam zu einer Arbeitsstelle. Lagen gemeinsam in einem Zimmer auf Stroh. Ich selbst wurde sofort schwer krank, dergleichen auch mein Vater, der dann in einem Schützengraben begraben wurde. Was ich den Russen bis jetzt noch nicht verzeihen kann. Ihr Vater wurde Holzhacker. Mit Ihrer Frau Mutter verband mich innige Freundschaft. Unsere Kochstellen lagen neben einander und als meine Mutter krank wurde, hat sie mir manchen Liebesdienst erwiesen. Sie war munter, flink und stets hilfsbereit. Kochte für zwei Österreicher und hatte von allem. Abends saßen wir zu gerne an ihrer Kochstelle und haben erzählt und gesungen. Aber der Russe hält ja auf einer Stelle nicht

[156] Heute Tschernjachowsk, Russland
[157] Ort in Ostpreußen, heute Diwnoje, Russland

Brief von Minna Lottermoser

lange aus; und so zogen wir bald um, und kamen auseinander und bald zogen wir nach Parnehnen[158]. Ihre Eltern wohnten uns gegenüber. Ihr Vater blieb beim Holz machen. Ich habe damals mit Traktoren gepflügt. Dort gab es Gemeinschaftspflege, und das war es, was alle, und auch ich, Ihrer Mutter verdachten. Sie holte das Essen nicht und verbrauchte ihre Vorräte, trotzdem schon alles knapp wurde. Ich kam bald zur Bäckerei. Ihre Mutter hat Pantoffeln genäht, und so manches andere auch für mich, und ich habe Brot gegeben. Wir hatten eine gute Russin, und die gab uns Brot, und wenn nicht, nahmen wir das heimlich. Bald zogen sie zu uns und nun ging es ihnen gut. Dann hatte Ihr Vater etwas im Arm. Er wollte arbeiten, aber Frau Müller verbot es ihm. Und er durfte ja nur tun, was Ihre Mutter wollte. Das wurde ihm zum Verderb. Denn bald wurden alle, die keine Arbeit hatten, weg gebracht. Wir haben es sehr bedauert, denn es war eine schöne Zeit damals. Abends haben wir gesungen und viel Spaß gehabt. Herr Müller war still und doch vergnügt. Er war mir wie ein zweiter Vater. Doch oft saß er, ich sehe ihn heute noch so, auf unserer Ofenbank und dann sagte er: »Nur noch einmal möchte ich meine Kinder wiedersehn.« Ich habe ihn getröstet wie ich konnte, obwohl ich auch Sehnsucht nach Mann und Geschwistern hatte. Wir erwarteten doch jeden Tag Erlösung von anderer Seite. Aber leider für so viele zu spät. Ihre Eltern kamen nach Agnesenhof, ein Kilometer weiter von uns. Dort hat er ein bisschen gearbeitet. Aber es war nichts mehr. Wir blieben in Verbindung. Doch bald bekamen

---

[158] Ort in Ostpreußen, heute Krasnij Jar, Russland

Brief von Minna Lottermoser

alle Mehl und ich war auch ohne Arbeit. Kam aber sofort auf den Getreidespeicher. Dort gefiel es mir sehr gut. War immer ein bisschen Abwechslung. Wir durften mit Autos fahren und sahen viel von Ostpreußen. Auch nach Insterburg kamen wir. Ihre Wohnung in Insterburg ist total kaputt. Die ganze Reihe Häuser zu beiden Seiten. Ich ging sofort zur Post. Gleich fiel mir der Name Müller in die Hände und glücklich fand ich eine Karte von Ihnen. Ich habe mich so gefreut, dass mir immer die Tränen kamen, wenn ich an Ihren Vater dachte. Abends dann schnell zu Ihren Eltern trotzdem es regnete. Aber so wenig wie damals hat mich nie Regen gestört. Wir erzählten uns von allem möglichen; und dann kam die von mir erwartete Frage: »Wie mag es meinen Kindern gehen?« Darauf gab ich die Karte ab; und niemals werde ich die nächsten Minuten vergessen. Wir weinten alle drei, war es jedoch niemals vergönnt eigene Post zu erhalten. Wir lebten weiter ins Ungewisse. Wie oft musste ich meine Mutter trösten und auch oft richtig schimpfen. Das half manchmal besser. Nun habe ich meine Geschwister, bis auf einen Bruder und meinen Mann, gefunden. Doch bald zogen dort unsere Leute ab und die Bäckerei mit. Ich habe damals schon wieder in ihr gearbeitet. Über drei Kilometer lagen zwischen uns. Aber ich habe weiter gestohlen, um zu helfen. Doch Ihre Eltern wurden alt und krank. Bald ist Ihr Vater gestorben. Sein Tod ist ein leichter gewesen. Er liegt in Parnehnen auf dem Friedhof. Ihre Mutter kam öfter zu uns. Besonders, wenn sie Post bekommen hatte. Sie las uns die Briefe vor. Wie oft hat sie da geweint und gesagt: »Gibt es da noch eine Gerechtigkeit, meine Kinder essen so gut und ich habe so oft nicht mal ein Stückchen

Brief von Minna Lottermoser

Brot.« Ich habe geholfen, so gut ich konnte. Wir hatten uns einen Garten gemacht und Gemüse. Sogar Beeren und Obst habe ich geklaut und Ihrer Mutter gegeben. Es half alles nichts. Sie wurde immer blasser und die Füße schwollen immer mehr. Meine Mutter lag damals auch sehr krank an der Galle. Ich wusste auch nicht wohin. So viel Arbeit in der Bäckerei, und die kranke Mutter zu Haus. Manchen Morgen ging ich übernächtigt und mit Tränen in den Augen zur Arbeit. Denn wir wohnten als einzige Deutsche auf den Siedlungen. Aber der liebe Gott hat mir immer geholfen. Noch damals schickte Ihre Mutter einen Jungen oder eine Frau zu uns. Ich habe gegeben, was ich konnte. Mir kostete es ja nichts. Ich habe viel geklaut und vielen geholfen. Und doch ist nichts furchtbarer als stehlen. Aber dort mussten es alle machen, nur um zu leben. Aber doch hielt Ihre Mutter nicht durch. Sie wusste genau, als sie starb, und hat sich noch selbst angezogen. Ihr letzter Brief an uns war nur noch ein Schrei nach Erlösung. Ihre Füße waren offen und sie hat furchtbare Schmerzen gehabt. Nun liegt sie auch in Parnehnen begraben. Ich wollte ihre Briefe Ihnen erst schicken. Aber ich habe sie vernichtet. Ich glaube, es ist besser so. Es ist so schon schwer genug die Eltern zu verlieren. Oft mache ich mir Vorwürfe. Vielleicht hätte ich sie doch erhalten, so denke ich manchmal, wenn ich noch mehr gestohlen hätte. Aber man saß auch immer mit einem Fuß im Gefängnis. Aber dann denke ich auch immer es ist Schicksal. Nun habe ich Ihnen alles mögliche geschrieben. Es ist eine ziemlich lange Geschichte geworden. Wir sind nun hier und haben schon Sehnsucht nach zurück. Wir haben uns das Leben hier ganz anders vorgestellt. Aber

Brief von Minna Lottermoser

man gibt den Flüchtlingen auch nichts. Ich habe zum Glück meine Schwester hier. Sonst wüsste ich auch nicht, was wir machen würden. Wir haben ja nur fünfzehn Kilo mitnehmen dürfen. Und auf den Karten ist es ja nur ein Hungerleben. Ja wenn die lieben Brennesseln nicht wären. Jetzt weiß ich erst, wie schwer es ist, wenn man kein Stückchen Brot hat. Es fiel uns wirklich schwer von der Heimat wegzugehen, wenn es auch nur fremde Wohnung war. Hier hat man doch nichts. Doch nun will ich schließen. Ich hatte erst die Absicht, an Frau Birkhahn zu schreiben, aber ich nehme mit Bestimmtheit an, dass Sie, Herr Schleuning, es ja sicher schon machen werden. Vom Lager aus habe ich ja schon geschrieben. Nun verzeihen Sie bitte, dass ich Sie auch etwas mit gewöhnlichen Sachen belastet habe, und vor allem, dass ich Ihnen Ihre lieben Eltern nicht mitbringen konnte.

Mit den besten Grüßen Ihre Frau Minna Lottermoser.

Nachwort

Die Tagebücher und Briefe sprechen für sich, brauchen keinen weiteren Kommentar. Und so kommentieren die folgenden Zeilen weniger, als dass sie den Stellenwert der Sammlung für uns heute in einigen Punkten reflektieren.

In der Einleitung wurden bereits die Unterschiede zwischen den Erinnerungen von Zeitzeugen und den hier versammelten Dokumenten skizziert und dabei die zeitliche Nähe der Texte zu den Erlebnissen benannt. Nun gibt es allerdings eine gewichtige Veröffentlichung, die genau solche Texte zusammengestellt hat: das »Echolot« von Walter Kempowski, ein Monumentalwerk in zehn Bänden von insgesamt 3440 Seiten.[159] Was kann, verglichen damit, die vorliegende Sammlung noch Sinnvolles beisteuern? Einfach nur weiteres Textmaterial abzudrucken ist ja nicht Grund genug. Beim Lesen von einem der Bände des »Echolots« mit Dokumenten aus dem Jahr 1945 ging es mir allerdings so, dass mein Interesse von Seite zu Seite abnahm. Wie konnte das sein, wo doch anfangs der ein oder andere Text mich sehr beeindruckt hatte? Zum einen lag es wohl an der Überfülle des Materials, verbunden mit der Kürze der Texte, die nur selten die Persönlichkeit der Schreibenden erkennen ließen. Vor allem aber irritierte mich die Methode der Zusammenstellung.

---

[159] Walter Kempowski, *Echolot*, München 1993–2005. Die Veröffentlichung wurde in den Feuilletons überwiegend positiv aufgenommen; Denis Scheck sprach in *druckfrisch* von »einem der größten Leseabenteuer unserer Zeit«. Es gab aber auch kritische Stimmen. So lehnte Marcel Reich-Ranicki es ab, das Werk im *Literarischen Quartett* zu besprechen, mit der Begründung, er lese keine Telefonbücher.

Nachwort

In Form einer Collage stellt Kempowski Texte von einzelnen Menschen an einem bestimmten Tag unvermittelt nebeneinander, mit der Absicht, dass aus der Vielzahl der Stimmen so etwas wie ein historisches Gesamtbild sich ergeben möge. Da steht dann eine Rede von Goebbels neben den Brief eines KZ-Häftlings, neben den Tagebucheintrag einer Bäuerin und so weiter. So wird eine Gleichheit konstruiert, eine Gleich-Gültigkeit.

Mir liegt daran, die Leserinnen und Leser für die Texte und die schreibenden Personen einzunehmen, zu erwärmen. Es geht um die einzelnen Menschen, darum, wie sie sich durch diese Zeit kämpfen. Obwohl die Texte von lebensgefährlichen Situationen, von Hunger, Strapazen und Verlust berichten, strahlen sie fast alle Lebensenergie aus. Die VerfasserInnen haben Mut und Stärke gezeigt, sie hatten Hilfe oder auch Glück in aussichtslos erscheinenden Situationen, haben überlebt. Und nicht zuletzt: Sie haben über das Erlebte geschrieben, sind nicht stumm geblieben.

Allerdings stellen die VerfasserInnen ihre eigenen Erlebnisse, das, was ihnen zustößt, nur selten in einen Zusammenhang mit dem Nationalsozialismus. Nun bringt die zeitliche Nähe der Texte zum Kriegserleben es wohl mit sich, dass in ihnen kaum reflektiert wird. Dennoch stellt sich die Frage nach der Verantwortung auch der »kleinen Leute« für die Verbrechen des nationalsozialistischen Deutschlands, für die auch diejenigen einstehen müssen, die sie nicht selbst begangen haben, sondern nur geschehen ließen. Auf diese Frage findet man in den Texten keine Antwort, sie wird noch nicht einmal gestellt. So kann man dieser Sammlung vorwerfen, dass sie verharmlost, zwar nicht explizit, aber implizit durch die Textauswahl.

Nachwort

Viele Texte erscheinen uns, bezogen auf das, was im Jahr 1945 und davor in Deutschland geschehen ist, naiv, manche auch erschreckend blind. Trotzdem schien es mir nicht gerechtfertigt, die Haltungen, die hier zum Ausdruck kommen, zu beurteilen. Wie denn auch? Und aus welcher Position heraus?

Gern hätte ich allerdings mit den VerfasserInnen gesprochen. Mit Rosemarie Stroh zum Beispiel würde ich über ihre These, dass der Nationalsozialismus wegen seiner Gottlosigkeit scheitern musste, diskutieren wollen. Doch vielleicht ist es auch ein Irrtum zu glauben, dass ein persönliches Gespräch mehr bringen könnte als das Lesen von Texten, die sich gewissermaßen schutzlos den LeserInnen in die Hände geben. Auf diese Weise kann absichtslos, beiläufig Respekt entstehen, oder auch Zuneigung.

Besonders beeindruckt haben mich die beiden Personen, die das Schreiben ganz offensichtlich nicht gewohnt sind, Minna Lottermoser und Heinz Holzmann. Auch bei mehrmaligem Lesen der Texte geht es mir so. Sie haben eine Nachricht zu überbringen, sie sehen dies als ihre Pflicht an. Es fällt ihnen schwer, aber sie versuchen, so gut sie es können, zu berichten. Nicht nur der Inhalt dieser beiden Briefe ist es, der mich berührt, sondern auch das Sich-Abmühen, die passenden Worte zu finden. Andere Texte haben andere Qualitäten, sind spannend, detailgetreu oder selbstironisch. In einem erweiterten Sinn überbringen sie alle Nachrichten aus einer Zeit, die wir Nachgeborenen nicht oder kaum miterlebt haben, Nachrichten über Erlebnisse, Handlungen, Gedanken und Gefühle der Kriegsgeneration.

Der Zweite Weltkrieg

Mit dem deutschen Überfall auf Polen am 1. September 1939 begann der von Adolf Hitler seit langem geplante Krieg um »Lebensraum im Osten«. In Deutschland löste der Kriegsbeginn trotz der massiven NS-Propaganda vor allem Bedrückung aus. Viele Menschen blickten angstvoll in die Zukunft, den meisten Erwachsenen waren die Erinnerungen an die katastrophalen Folgen des Ersten Weltkrieges noch zu präsent. Die Erfolge der Wehrmacht auf den Kriegsschauplätzen erzeugten in der Heimat jedoch schnell eine spürbare Siegeseuphorie, die auch in den ersten Monaten nach dem deutschen Überfall auf die Sowjetunion 1941 noch anhielt. Dieses kollektive Stimmungshoch in dem halb Europa beherrschenden Deutschen Reich stand im krassen Kontrast zu der allgemeinen Perspektiv- und Trostlosigkeit, die nur wenige Jahre später im besiegten, besetzten und weitgehend zerstörten Deutschland vorherrschten.

Das NS-Regime erfreute sich nach 1933 vor allem aufgrund sozialpolitischer Maßnahmen und außenpolitischer Erfolge wachsender Zustimmung in der deutschen Bevölkerung. Die meisten Menschen in Deutschland, aber auch im Ausland konnten oder wollten jedoch angesichts der Erfolge Hitlers dessen wahre Absichten nicht erkennen: Nur vier Tage nach seiner Ernennung zum Reichskanzler hatte Hitler am 3. Februar 1933 vor den ranghöchsten Offizieren der Reichswehr über die gewaltsame Eroberung von »Lebensraum im Osten« gesprochen. In der geheimen Denkschrift zum Vierjahres-

Der Zweite Weltkrieg

plan vom August 1936 hieß es kategorisch, die deutsche Armee müsse »in vier Jahren einsatzfähig, die deutsche Wirtschaft in vier Jahren kriegsfähig sein«. Mit der Bildung eines ihm ergebenen Oberkommandos der Wehrmacht (OKW) 1938 hatte Hitler die Armee nun erheblich besser im Griff als zuvor. Dass die deutsche Bevölkerung von nun an auf einen Krieg eingestellt werden müsse, forderte Hitler von der deutschen Presse einen Tag nach dem »Novemberpogrom« von 1938, das eine Vorstellung von dem aufkommen ließ, wozu die Nationalsozialisten fähig waren. Dennoch wurden Hitlers Äußerungen, nach denen ein neuer Krieg in Europa mit der »Vernichtung des Judentums« enden würde, kaum ernst genommen.

Als mit der Zerschlagung der »Rest-Tschechei« im März 1939 auch die letzte Voraussetzung Hitlers für den Beginn des von Deutschland seit 1933 systematisch vorbereiteten Krieges erfüllt war, garantierten Großbritannien und Frankreich die Unabhängigkeit Polens. Davon unbeeindruckt, wies Hitler die Wehrmacht Anfang April 1939 an, einen Feldzug gegen Polen vorzubereiten. Seinen 50. Geburtstag vor Augen, wollte er den Krieg möglichst bald, noch auf der Höhe seiner »Schaffenskraft«, führen. Nachdem Deutschland Verhandlungen mit der Sowjetunion begonnen und am 23. August 1939 in Moskau einen deutsch-sowjetischen Nichtangriffsvertrag unterzeichnet hatte, war vielen Deutschen klar, dass mit dem Pakt der jahrelangen »Todfeinde« ein Krieg unmittelbar bevorstehen könnte.

»Polen hat heute Nacht zum erstenmal auf unserem eigenen Territorium auch bereits durch reguläre Soldaten geschossen. Seit 5.45 Uhr wird jetzt zurückgeschossen.

Und von jetzt ab wird Bombe mit Bombe vergolten.« Mit diesen Worten verkündete Adolf Hitler am Morgen des 1. September 1939 den Beginn des Krieges gegen Polen. Die im Rundfunk übertragene Reichstagsrede sollte den deutschen Überfall auf Polen vor der Öffentlichkeit in Deutschland und der Welt als Verteidigungskrieg legitimieren. Die Benutzung des Begriffes »Krieg« war vom NS-Regime ausdrücklich untersagt: Die NS-Propaganda sprach von einer »Strafaktion« wegen angeblicher Provokationen und Grenzverletzungen Polens.

Die hochgerüstete Wehrmacht besiegte die polnischen Truppen innerhalb von fünf Wochen. Frankreich und Großbritannien erklärten als Verbündete Polens dem Deutschen Reich zwar den Krieg, griffen aber militärisch nicht ein. Am 17. September fiel gemäß der Geheimvereinbarung im »Hitler-Stalin-Pakt« auch die Rote Armee von Osten her in Polen ein. Damit war die Teilung des Landes besiegelt. Nach dem Sieg im Oktober 1939 gliederte das NS-Regime okkupierte polnische Gebiete an das Deutsche Reich an. Das als »Generalgouvernement« bezeichnete »Restpolen« wurde einer deutschen Zivilverwaltung unterstellt. Die ostpolnischen Gebiete fielen an die Sowjetunion. Kriegsführung und deutsche Besatzungspolitik in Polen standen ganz im Zeichen der NS-Rassenideologie: Sie nahmen keinerlei Rücksicht auf die dort lebende Bevölkerung, für die Willkür und Repressionen nun zum Alltag gehörten. Schon ab Herbst 1939 ermordeten die deutschen Besatzer zu Zehntausenden Angehörige der polnischen Führungsschicht. Im Zuge der »Germanisierung« deportierten und vertrieben die Deutschen Hunderttausende Menschen aus ihrer Heimat in das »Generalgouvernement«. Der Terror in Polen richtete sich in besonderem Maße auch gegen die jüdische Bevölkerung, die in Ghettos zusammengepfercht wurde.

Der deutsche Überfall auf Polen bildete den Auftakt zu einem zweiten Weltkrieg mit Kämpfen zunächst in Nord- und Westeuropa, die Adolf Hitler aus strategischen Gründen zu vermeiden gehofft hatte. Um die Versorgung mit schwedischem Erz sicherzustellen, begann am 9. April 1940 der »Wettlauf« mit Großbritannien um die Besetzung Dänemarks und Norwegens. Am 10. Mai 1940 begann mit der deutschen Westoffensive die Besetzung der Benelux-Staaten und Frankreichs. Schon nach zehn Tagen standen deutsche Verbände an der Kanalküste. Was von 1914 bis 1918 nicht gelungen war, erreichte die Wehrmacht in rund sechs Wochen: Am 14. Juni wurde Paris nahezu kampflos besetzt. Rund eine Woche später kapitulierte Frankreich. Zugute geschrieben wurde der unerwartet schnelle Sieg über den »Erbfeind« Adolf Hitler persönlich: Im Sommer 1940 stand er als »Größter Feldherr aller Zeiten« auf dem Höhepunkt seiner Popularität. Auch traten entgegen den Befürchtungen der meisten Deutschen anfänglich keine ernsthaften Versorgungsprobleme auf, so dass sich ihr alltägliches Leben zunächst kaum änderte.

Nach der Kapitulation Frankreichs wollte die NS-Führung auch Großbritannien möglichst schnell niederringen, um den Rücken für den beabsichtigten Krieg gegen die Sowjetunion frei zu haben. Zur Vorbereitung der geplanten Invasion und um den Verteidigungswillen der britischen Bevölkerung zu brechen, bombardierte die deutsche Luftwaffe in der »Luftschlacht um England« ab Mitte August 1940 verstärkt das dicht besiedelte London und andere Zentren der britischen Rüstungsindustrie wie Birmingham, Sheffield und Coventry. Im Krieg gegen Großbritannien stieß die Wehrmacht aber zum ersten Mal auf einen für sie völlig unerwartet hohen Widerstand. Die deutsche Führung wartete trotz der massiven Luftoffensiven mit Zehntausenden Opfern vergeblich auf die Kapitulation der Briten, die Premierminister Winston Churchill auf einen mit »Blut, harter Arbeit, Tränen und Schweiß« verbundenen Durchhaltewillen eingeschworen hatte. Die Pläne zur Eroberung Großbritanniens mussten nach hohen Verlusten für die deutsche Luftwaffe im Frühjahr 1941 aufgegeben werden. Zur gleichen Zeit leistete Deutschland dem von britischen Truppen bedrängten Bündnispartner Italien in Nordafrika und auf dem Balkan militärische Unterstützung. Damit sollte die strategische Ausgangslage vor dem geplanten Krieg gegen die Sowjetunion gesichert werden.

Den seit langem geplanten Krieg gegen die Sowjetunion proklamierte das NS-Regime als Kampf gegen den »jüdischen Bolschewismus«. Die vom deutschen Überfall am 22. Juni 1941 offensichtlich völlig überraschten sowjetischen Truppen zogen sich unter erheblichen Verlusten weit zurück. Mit schnellen Panzervorstößen gelangen der Wehrmacht gewaltige Raumgewinne. Ende 1941 stand sie siegesgewiss vor Moskau. Im Schnee und Frost stoppten aber Gegenoffensiven der Roten Armee einen weiteren Vormarsch auf die Hauptstadt. Der Krieg im Osten radikalisierte den Zweiten Weltkrieg in jeder Hinsicht: Er war von den Deutschen als Vernichtungskrieg geplant, und als solcher wurde er von Beginn an geführt. Im Vordergrund standen die Eroberung von »Lebensraum« sowie die Ausbeutung der eroberten Gebiete und der dort lebenden Menschen als Zwangsarbeiter. Der Osten sollte das Deutsche Reich mit Nahrungsmitteln versorgen und »arisch« besiedelt werden. Dabei wurde der Tod von vielen Millionen Sowjetbürgern fest eingeplant. Das ungeheure Ausmaß langfristiger deutscher Siedlungspläne in Osteuropa verdeutlicht der 1942 vorgelegte »Generalplan Ost«: Über 30 Millionen Russen, Ukrainer, Polen und Tschechen sollten nach Sibirien zwangsumgesiedelt werden, um die »deutsche Volkstumsgrenze« bis zum Ural zu verschieben.

Der Terror gegen die Zivilbevölkerung wurde zum alltäglichen Instrument der Kriegsführung. Gefangene Rotarmisten waren ganz gezielt dem Hungertod preisgegeben. »Einsatzgruppen« ermordeten im rückwärtigen Frontgebiet systematisch die jüdische Bevölkerung, aber auch Sinti und Roma sowie kommunistische Funktionäre. Die sowjetische Zivilbevölkerung in ihrer Gesamtheit litt unter dem Besatzungsterror, der häufig in einem erbitterten Partisanenkrieg mündete. Nachdem die NS-Führung im Sommer 1941 den Völkermord an den Juden beschlossen hatte, wurden Hunderttausende aus Europa in die dafür errichteten Vernichtungslager deportiert und ermordet. Nach der »Wannsee-Konferenz« vom Januar 1942 setzte der NS-Staat alle Mittel ein, um den Völkermord europaweit zu koordinieren und systematisch durchzuführen. Die Kriegsführung wurde noch stärker von den Maßnahmen zur »Endlösung« überlagert. Statt etwa die deutsche Offensive mit dringend benötigten

Transportkapazitäten zu unterstützen, brachten Tausende von Güterzügen Juden aus Westeuropa nach Auschwitz und in die anderen Vernichtungslager im Osten. Während die Vernichtungsmaschinerie ihren Höhepunkt noch nicht überschritten hatte, war die militärische Niederlage Deutschlands 1942 längst absehbar.

Das Deutsche Reich kämpfte ab 1942 gegen eine feste Koalition aus den USA, Großbritannien und der Sowjetunion. Deren überlegene Kampfkraft bestimmte das Kriegsgeschehen immer eindeutiger. Zwar gelangen der Wehrmacht im Sommer 1942 noch einmal große Geländegewinne im südlichen Frontabschnitt der Sowjetunion, jedoch begann schon wenig später ihr erzwungener Rückzug nach Westen. Die deutsche Herrschaft in Europa begann 1943 zu bröckeln. Zum Symbol der Kriegswende im Osten wurde Stalingrad, wo die verlustreiche Niederlage der Wehrmacht zu Jahresbeginn 1943 die Moral von vielen Deutschen zutiefst erschütterte. Im Deutschen Reich ließ sich das Grauen an der Front meist nur durch die zunehmende Zahl von Anzeigen erahnen, die über den »Heldentod fürs Vaterland« eines nahen Angehörigen informierten.

Unter dem unmittelbaren Eindruck der Katastrophe in Stalingrad proklamierte Reichspropagandaminister Joseph Goebbels in seiner Sportpalastrede am 18. Februar 1943 den »Totalen Krieg«. Die »opferbereite Heimatfront« sollte mit der Mobilisierung der letzten personellen und materiellen Ressourcen noch einmal zu Höchstleistungen angespornt werden. Mit der Mobilisierung aller Reserven in der Heimat und an der Front einher ging die Verschärfung des Terrors und des Kriegsstrafrechts. Die

Der Zweite Weltkrieg

Zahl von Todesurteilen wegen Defätismus oder Wehrkraftzersetzung stieg ab 1943 stark an. Gleichzeitig schlug der Krieg immer öfter auf Deutschland zurück. Mit systematischen Flächenbombardierungen reiner Wohnviertel fernab von Militär- und Industrieanlagen wollten Briten und Amerikaner die Moral der Deutschen brechen. Die gezielten Luftangriffe auf die Zivilbevölkerung steigerten aber zumeist deren Durchhaltewillen und den Hass auf den Feind.

Als die Listen der bei Luftangriffen getöteten Zivilisten ab 1943 bis dahin unbekannte Ausmaße annahmen, zweifelten jedoch immer mehr Deutsche am militärischen Erfolg und am Sinn des Krieges. Doch nur wenige waren motiviert, den Weg in den aktiven Widerstand zu beschreiten. Dennoch bestärkte der Krieg eine Reihe von Deutschen in ihrem Willen, gegen das verbrecherische NS-Regime aktiv zu werden. Der erfolgversprechendste Versuch eines Staatsstreichs gegen die NS-Führung scheiterte am 20. Juli 1944, nachdem Oberst Claus Schenk Graf von Stauffenberg eine Zeitzünderbombe in Hitlers ostpreußischem Hauptquartier »Wolfsschanze« deponiert hatte. Nur leicht verletzt, bezeichnete Hitler sein Überleben als »Zeichen der Vorsehung«.

Je näher die Alliierten auf die Reichsgrenzen vorrückten, desto stärker entfachte die NS-Propaganda den Widerstandswillen der Bevölkerung »bis zum Endsieg« und gegen die »rasende Rachsucht« der Roten Armee. Diese stand im Sommer 1944 etwa dort, von wo aus die Wehrmacht drei Jahre zuvor den Angriff auf die Sowjetunion begonnen hatte. Mit der deutschen Rückzugsstrategie der »verbrannten Erde« sollte der sowjetische Vormarsch so lange wie möglich aufgehalten werden. Trotz der unabwendbaren Niederlage wurden noch Hunderttausende Soldaten sowie Volkssturmkämpfer in militärisch sinnlose Schlachten geschickt. In ihrem ungebrochenen Fanatismus befahl die militärische Führung den Soldaten, unhaltbare Stellungen bis zur sprichwörtlich letzten Patrone zu verteidigen. Riesige Trecks von Flüchtlingen vor sich her treibend, erreichte die Rote Armee im Januar 1945 die Oder und Neiße. Drei Monate später verlief die Ostfront entlang der Außenbezirke von Berlin.

Im Westen marschierten die Alliierten nach der Landung in der Normandie im Juni 1944 weitgehend nach Plan vor. Anfang September 1944 war Frankreich vollständig befreit, wenig später stieß ein amerikanischer Spähtrupp bei Trier erstmals auf Reichsgebiet vor. Nachdem die letzte deutsche Offensive in den Ardennen im Winter 1944/45 gescheitert war, besetzten alliierte Truppen große Gebiete des Deutschen Reiches im Westen. Hier wurden sie von der Bevölkerung zumeist freundlich begrüßt. Die Menschen waren erleichtert, dass Amerikaner, Briten und Franzosen und keine Rotarmisten als Besatzer einrückten. Mit der Besetzung ihres Heimatortes war der Krieg für die Menschen weitgehend beendet.

Mit der bedingungslosen Kapitulation der Wehrmacht endeten am 8. Mai 1945 der von Deutschland entfachte Krieg und die zwölfjährige NS-Herrschaft. Die meisten Deutschen, sofern sie nicht aus politischen, rassischen oder religiösen Gründen verfolgt oder inhaftiert worden waren, empfanden die Kapitulation nicht als Befreiung, sondern als Zusammenbruch. Aber auch bei ihnen herrschte Erleichterung über das Ende des Krieges, der weltweit über 50 Millionen Menschenleben forderte. Für viele Deutsche stand das Kriegsende im Zeichen von Ungewissheit und Angst vor der Zukunft. Angst hatten die Menschen vor einem Frieden, der Deutschland diktiert werden könnte, und vor harten Strafen für begangene Verbrechen in Europa. Viele NS-Funktionäre wählten in den letzten Kriegstagen deshalb den Freitod. Andere Männer und Frauen begingen Selbstmord, weil der bis zuletzt propagierte »Endsieg« ausblieb und sie nach 1918 eine erneute Kriegsniederlage Deutschlands nicht ertragen konnten. Millionen Flüchtlinge, Ausgebombte und Kriegswaisen begaben sich 1945 in einem durch Verlust und Zerstörung veränderten Deutschland auf die schwierige Suche nach einer neuen Heimat.

In allen kriegsbeteiligten Staaten hinterließ der Zweite Weltkrieg Spuren und gesellschaftliche Risse, wenn auch in unterschiedlichem Ausmaß. Entlang der Frontverläufe waren Dörfer, Städte, Infrastrukturen und Versorgungseinrichtungen zerstört oder beschädigt, Überlebende traumatisiert. Wohnraummangel, Versorgungsschwierigkeiten sowie Seuchen und Hungersnöte mit ungezählten Toten herrschten in weiten Teilen Europas, wo die Menschen angesichts der Kriegsfolgen und wirtschaftlichen Krisen einer unsicheren Zukunft entgegenblickten.[160]

---

[160] Abdruck mit freundlicher Genehmigung: Deutsches Historisches Museum, Berlin (www.dhm.de/lemo/html/wk2)

ÜBER DIE HERAUSGEBERIN

Monika Tibbe, Jahrgang 1944, ist Musik- und Literaturwissenschaftlerin. An der Fachhochschule Hannover unterrichtete sie Soziale Kulturarbeit sowie Ästhetische Theorie und Praxis. Veröffentlicht hat sie zu Gustav Mahler und Hanns Eisler, zum Volkslied und politischen Lied, zur Kulturarbeit und zu Jugendkulturen. Die letzte Veröffentlichung: »Marie Stütz – Aufzeichnungen einer reisenden Musikerin« (2012). Als notwendige Ergänzung von Lehre und Forschung sieht sie ihre kulturpolitische, journalistische, kabarettistische und musikalische Praxis.